Rolf Appel ° Werkstatt für Freimaurer

SALIER
VERLAG

Rolf Appel

Werkstatt für Freimaurer

Vorträge nicht nur für Meister

Salier Verlag Leipzig

ISBN 978-3-939611-97-4

Originalausgabe
3. Auflage 2017

Umschlaggestaltung: Christine Friedrich-Leye, Leipzig
unter Verwendung einer Fotografie von Jasper André Friedrich
Satz: W. H. Jürgen Boll, Hamburg
Layout & Herstellung: Salier Verlag, Leipzig
Printed in the EU.

www.salierverlag.de

Inhalt

Vor der Arbeit

Die hier veröffentlichten Vorträge sind nur eine kleine Auswahl. Acht Ordner, alle prallvoll mit den Manuskripten einmal gehaltener Vorträge, enthalten die vielfältige Gedankenwelt des Autors dieser Sammlung.
Seinen ersten Vortrag hielt der damals 31-Jährige, als der damalige Großmeister *Theodor Vogel* zugegen war. Nach der Rede lud der Großmeister den jungen Bruder zu sich nach Schweinfurt ein, wo dieser ein Wochenende verbrachte. Seitdem hat es stets ein enges Zusammenarbeiten gegeben, und der Großmeister vertraute dem jungen Bruder etliche seiner Arbeiten an.
Als *Theodor Vogel* im Jahre 1977 zu höherer Arbeit abberufen wurde, schrieb der Autor dieser Vorträge das Buch

THEODOR VOGEL – DER EINIGER DER DEUTSCHEN FREIMAURUREI.

In 94 Logen hat er seine Vorträge gehalten, darüber hinaus auch noch in Holland, der Schweiz, Österreich, Lettland und Litauen.
Bemerkenswert waren seine Festreden zu den Literaturpreisträgern *Max Tau*, *Lew Kopelew*, *Reiner Kunze* und *Arno Surminski*.
Aber der Autor hielt auch die Festreden zum 250-jährigen Jubiläum erst der Loge „Absalom zu den drei Nesseln“ dann der Loge „St. Georg zur grünenden Fichte“.
Zum 25-jährigen Bestehen der Großloge AFuAM hielt er ebenso die Festrede wie dazu, dass 200 Jahre zuvor in Hamburg das Logenhaus in der Welckerstraße eingeweiht wurde.

W. H. Jürgen Boll
Hamburg, im Sommer 2013

Die Freimaurer

Es ist viel in diesen Männerbund hineingeheimnist worden, woran die Freimaurer selbst nicht ganz unschuldig waren, pflegten sie bei ihren Zusammenkünften doch ein von der Öffentlichkeit abgeschlossenes Eigenleben, was bei den vor allem aus dem nationalistischen Lager kommenden Gegnern zu der Behauptung führte, es handele sich bei den Freimaurern um einen Geheimbund, dessen Macht über die ganze Erde reiche, und der ein Staat über allen Staaten bilde.

Ein Geheimbund hält seine Ziele, seinen Versammlungsort und seine Mitglieder im Verborgenen. Eine Freimaurerloge dagegen ist entweder eingetragener oder rechtsfähiger Verein, der seinen Vorstand und seine Satzung beim Vereinsregister für jedermann offenlegt, und es gibt eine umfangreiche Literatur, die über den allgemeinen Buchhandel zu erwerben ist, und worin Aufgaben und Ziele der Freimaurer dargelegt werden. Eine Freimaurerloge ist also alles andere als ein Geheimbund.

Was ist nun Freimaurerei?
Das Wort selbst ist eine nicht gerade glückliche Lehnübersetzung des englischen Begriffs FREEMASONRY. Obgleich sich letztlich Freimaurerei nicht endgültig definieren läßt, könnte doch eine Erklärung aus einem alten Handbuch akzeptiert werden:

> „Freimaurerei ist die Tätigkeit eng verbundener Männer, die unter Anwendung sinnbildlicher, größtenteils dem Maurerhandwerk und der Baukunst entlehnter Formen für das Wohl der Menschheit wirken, indem

sie sich und andere sittlich zu veredeln suchen, um dadurch einen allgemeinen Menschheitsbund herbeizuführen, den sie unter sich im kleinen Kreis der Loge bereits darzustellen versuchen."

Man könnte auch sagen: Symbolkult und Freundschaftspflege bildet die Aufgabe, die allen Logen in der Welt gemeinsam ist.

Gotthold Ephraim Lessing, am 14. Oktober 1771 zu Hamburg zum Freimaurer aufgenommen, schreibt: „Die Freimaurerei ist nichts Willkürliches, nichts Entbehrliches, sondern etwas Notwendiges, das im Wesen der Menschen und der bürgerlichen Gesellschaft gegründet ist."

Franz Carl Endres: „Die Aufgabe der Freimaurerei ist es, der Gemeinschaft zu zeigen, was sie dem Individuum schuldet, und den Individuen zu zeigen, was sie der Gemeinschaft schulden."

Freimaurerei ist somit eine international verbreitete Gesellschaft von humanitärer, der Toleranz verschriebener, auf lebendige Bruderschaft abzielender Geisteshaltung.

Die in der brüderlichen Gemeinschaft – der Loge – in sogenannten „Tempelarbeiten" gewonnene Selbsterkenntnis schärft zugleich Gewissen und Verantwortungsgefühl gegenüber dem Mitmenschen, wie auch gegenüber Staat und Gesellschaft.

Das Ritual

Das Ritual der Freimaurer, das den Ablauf der Tempelarbeiten bestimmt und das in seinen wesentlichen Bestandteilen überall in den Logen der Welt gleichartig ist, wird als ein dynamisches Symbol des kosmischen Geschehens gedeutet. Das an den Tempelarbeiten teilnehmende Logenmitglied ordnet sich mit Hilfe der Symbole und Allegorien bewußt in die Gesetzmäßigkeiten des Universums ein und soll durch die gewonnene Beziehung lernen, sein Leben in immer zunehmenderem Maße aus einem übergeordneten Bewußtsein heraus zu gestalten.

Ein Beispiel mag das verdeutlichen: Eine wie große Vielfalt steckt in einem Orchester! Jede Instrumentengruppe ist scheinbar nur imstande, sich selbst zu hören: die Ersten Geigen, die Zweiten Geigen, die Bratschen, die Violoncelli, die Flöten und Oboen, die Fagotte und die Kontrabässe, die Klarinetten und die Posaunen, die Trommeln und die Tuba, die Kesselpauke, die Hörner, Triangel, Becken und die Harfe. Welche Vielfalt!

Jede Instrumentengruppe spielt allein das Ihre. Wehe aber, wenn sie ihr Spiel nicht in den Zusammenhang der Orchestergemeinschaft zu bringen versteht. Dann entsteht Chaos und Untergang, dann ist auch das großartigste Notenwerk des Komponisten nichts mehr wert, wenn jede Gruppe ihren Part nach eigenem Gutdünken spielt. Soll Harmonie erklingen, dann hat jedes Orchestermitglied getreu der Partitur seinen Part auf die korrekteste und beste Art zu spielen. Keiner hat das Recht, sich zu vermessen, plötzlich langsamer oder schneller als das übrige Orchester zu spielen oder sich in der Lautstärke eigenwillig über das Orchester zu erheben.

Für jeden gilt: Gib dir Mühe, arbeite an dir und dem dir anvertrauten Instrument, sei fleißig, nutze die Zeit, überwinde deine Schwächen und werde ein Könner!

Unabänderlich ist allein das Notenwerk, die Partitur. Diese und nichts anderes gibt Maß und Richtung. So lernt auch der Freimaurer, sich einzufügen nicht nur in die Gemeinschaft der Brüder, sondern vor allem in die geistigen Gesetzmäßigkeiten des menschlichen Lebens, der Natur rundum und dem außerirdischen Wirken.

In dem Sinne wird bei den Tempelarbeiten die Welt des früheren Bauhandwerks symbolisch ins Geistige erhoben, und das einzelne Mitglied empfindet sich ebenso als ein Baustein der menschlichen Gesellschaft, wie es selber aufgefordert ist, ständig an diesem Baustein zu arbeiten und ihn immer besser geeignet zu machen für den Bau einer humanitären Gesellschaft, den „Tempelbau der Menschheit", wie die Freimaurer sagen.

Das Brauchtum

Das Brauchtum der Freimaurer stammt großenteils aus den mittelalterlichen Bauhütten. So werden die Arbeiten in den drei Graden des Lehrlings, Gesellen und Meisters abgehalten und umfassen symbolisch das gesamte Leben des Mannes.

Im LEHRLINGSGRAD erfolgt die Aufnahme zum Freimaurer. Der Kandidat wird dadurch nicht nur Mitglied seiner Loge, sondern zugleich auch Glied des weltweiten Männerbundes, das heißt, er hat dann Zugang zu allen Logen der Welt. Entsprechend ist er auch überall herzlich willkommen.

Diese emotionale Verbundenheit, diese Verbrüderung hat ihre Ursache ebenfalls in den immer wiederholten Tempelarbeiten. In der Rationalität der Gegenwart, wo fast alles von Wissenschaft und Technik bestimmt ist, scheint die Symbolwelt ferngerückt zu sein.

Ein Freimaurer – wie überhaupt jeder Mensch – bedarf aber der Begegnung mit dem Symbol, weil das Unaussprechliche, das mit dem Intellekt allein nicht Begreifbare durch das Symbol erlebbar wird. Ein jeder Freimaurer hat während der Tempelarbeiten seine eigene Begegnung mit dem Symbol, weshalb es in der Freimaurerei auch keine dogmatischen Festlegungen der Symbole gibt, weil diese dem Einzelnen die innere Freiheit des Symbolerlebnisses nehmen würden.

Das schafft die für die Freimaurer typischen emotionalen Bindungen, nennen wir es besser: Freundschaften.

Die feierliche und beeindruckende Aufnahmehandlung stellt in dem Sinne ein Aufgeschlossenwerden in ein erweitertes Bewußtsein dar. Sie bewirkt nichts weiter als eine intensive Bewußtmachung von bisher nur unklaren Vorstellungen und Inhalten.

Der Kandidat erlebt bei seiner Aufnahme ein Fortschreiten vom Dunkel zum Licht, gleichsam eine Geburt zu einem sittlichen Leben. Dabei wird er den verschiedensten Lebensweisheiten gegenübergestellt und findet sich schließlich in der lichtüberstrahlten Kette der Bruderhände.

Der GESELLENGRAD setzt die Grundkenntnisse der Freimaurerei voraus und stellt das Mitglied sinnbildlich in die Kette der für die menschliche Gesellschaft nach Recht und Gewissen wirkenden Männer.

Bei der Erhebung zum MEISTER, wie die Freimaurer es nennen, wird der Kandidat mit der Tatsache konfrontiert, daß zu jedermanns Leben auch der Tod gehört, und *Goethes* Wort vom „Stirb und werde“ steht im Mittelpunkt der allegorischen Handlung.

Immer wieder wird nach Beschreibung dieser Vorgänge gefragt. Aber der Freimaurer schweigt darüber, weil ein derart tiefes und im Innersten aufwühlendes Erlebnis eben nur erlebt und nicht dahergeplaudert werden kann.

Die Freimaurer verwenden besondere Zeichen, die jedoch keinen praktischen, dafür aber einen symbolischen Wert besitzen. Diese sind bereits vor Jahrhunderten eingeführt worden. Besaßen sie Geheimnischarakter, dann hätte man längst neuere eingeführt.

Im Wesen des Menschen liegt es, seelische Vorgänge durch äußere Erscheinung zur Geltung zu bringen. Kleider waren daher von jeher nicht nur ein Schutz gegen äußere Unwirtlichkeit, sie sollten auch den Träger – sein Inneres, sein Wollen und sein Wesen – deutlich machen. Wer die Trachten der Völker unter diesem Gesichtspunkt studiert, gelangt zu überraschenden Ergebnissen. Zumal die Mitglieder von Gemeinschaften immer großen Wert darauf gelegt haben, sich durch besondere Tracht – zumindest durch ein Bundesabzeichen – von den Nichtmitgliedern zu unterscheiden. Das gilt besonders bei den Freimaurern.

Werkleute tragen bei der Arbeit eine Schürze. Das haben Freimaurer übernommen und tragen bei ihren Tempelarbeiten einen Schurz, eine symbolische Kleidung also. Der Schurz als Bekleidungsstück kommt aber in längst vergangenen Zeiten auch ohne Beziehung zum Handwerk vor, zum Beispiel bei den Essäern zur Zeit Christi. Es ist überliefert, daß dem Novizen bei der Aufnahme ein Schurz überreicht wurde.

Dann tragen Freimaurer bei den Tempelarbeiten weiße Handschuhe. Wie Offiziere im Dienst Handschuhe als Zeichen ihrer Würde tragen, so beweisen die Freimaurer mit ihren Handschuhen die Ehrfurcht, wenn sie in ihren Arbeiten eine höhere Welt suchen. Die weiße Farbe ist für europäische Menschen die Farbe festlicher Erhöhung und heiliger Unschuld.

Jedes Mitglied erhält bei seiner Aufnahme das betreffende Zeichen seiner Loge. Es zeigt oft freimaurerische Symbolik oder hat Bezüge zur Geschichte von Stadt und Land, in dem die Loge wirkt.

Eine Loge wird geleitet vom Meister vom Stuhl oder auch Logenmeister. Er gilt als der erste „Beamte“ seiner Loge. Daneben gibt es, wie in jedem Verein, einen Sekretär oder Schriftführer, einen Schatzmeister und einen oder mehrere

Kassenprüfer. Für den rituellen Bereich wählt die Mitgliederversammlung noch weitere Beamte, wie die beiden Aufseher, den Zeremonienmeister, den Redner. Sie alle sind daran zu erkennen, daß sie am blauen Band ein besonderes für ihr jeweiliges Amt typisches Abzeichen tragen wie Winkelmaß, Senkblei, Winkelwaage, Buch, gekreuzte Stäbe usw.

Geistige Grundlagen

Die älteste Urkunde stammt bereits aus dem 14. Jahrhundert und verlangt die Anerkennung und Verehrung eines „Großen Baumeisters aller Welten" oder des Universums, wie auch gesagt wird. Diese Bezeichnung geht auf biblische Ursprünge zurück, z. B. Hebräerbrief 9.10: „Denn er wartete auf eine Stadt, die einen Grund hat, deren Baumeister und Schöpfer Gott ist."

In der FREIMAURERISCHEN ORDNUNG, das ist die Verfassung der Großloge der ALTEN FREIEN UND ANGENOMMENEN MAURER VON DEUTSCHLAND (AFuAMvD) heißt es in Artikel 3, Abs, 2: „Sie sehen im Weltenbau, in allem Lebendigen und im sittlichen Bewusstsein des Menschen ein göttliches Wirken voll Weisheit, Stärke und Schönheit. Dieses alles verehrten sie unter dem Sinnbild des 'Großen Baumeisters aller Welten'".

Die andere wichtige Urkunde sind die vom Referent *James Anderson* im Auftrage der damaligen Großloge von London verfaßten ALTEN PFLICHTEN VON 1723, „entnommen alten Aufzeichnungen der Logen in Übersee, in England, Schottland und Irland zum Gebrauch der Logen in London: vorzulesen bei der Aufnahme neuer Brüder oder auf Geheiß des Meisters".

Diese ALTEN PFLICHTEN wurden am 28. Februar 1723 in der Londoner Zeitung POSTBOY als Neuerscheinung angekündigt und zum freien Verkauf gestellt.

Diese ALTEN PFLICHTEN legen in ihrem I. und II. Hauptstück die Grundlagen der Freimaurerei zur Religion und zum Staat fest und können nach wie vor als allgemeinverbindlich angesehen werden.

Die Mitglieder

Bei der Aufnahme in den Bund werden nur „freie Männer von gutem Ruf" berücksichtigt, was auch bedeutet, daß die Freimaurerei als reiner Männerbund aufzufassen ist, was auch der von den Bauhütten her übernommenen Bausymbolik entspricht.

Nach dem III. Hauptstück der ALTEN PFLICHTEN sind Frauen von der Mitgliedschaft ausgeschlossen. Bünde mit freimaurerischem Charakter, die Frauen aufnehmen, hat es auf dem europäischen Kontinent immer gegeben, und zwar schon seit dem 18. Jahrhundert. Die nach den alten Regeln arbeitenden Logen und Großlogen lassen zu den 'Tempelarbeiten' keine Frauen zu.

Die Organisation

Die Freimaurer besitzen keine über die ganze Erde reichende, zusammenhängende Organisation. Die Logen innerhalb eines Staates sind in einer Großloge zusammengeschlossen. Eine über allen Großlogen der Welt stehende freimaurerische Führungsspitze – Geheime Obere, wie *Ludendorff* sie genannt hat – gibt es nicht, das würde auch der inneren Verfassung der Freimaurerei widersprechen. Jede Großloge ist im Bereich des jeweiligen Staates völlig souverän und trifft ihre Entscheidungen unabhängig von den Absichten benachbarter Großlogen.

Die Mitglieder der einzelnen Logen wählen in freier und geheimer Wahl ihren Vorsitzenden, den Meister vom Stuhl, sowie die übrigen Mitglieder des Vorstands, und zwar für eine Dauer, wie es in den jeweiligen Vereinssatzungen durch Mitgliederversammlungsbeschluß festgelegt wurde. Meist läuft die Amtszeit über zwei bis drei Jahre. Bei manchen Logen ist Wiederwahl möglich, bei anderen nicht.

Die Meister vom Stuhl als Vertreter ihrer Logen wählen auf dem Großlogentag, der Jahreshauptversammlung, ebenfalls in geheimer Wahl, den Großmeister. Auch die Großlogen sind eingetragene Vereine oder Körperschaften des öffentlichen Rechts.

In der Bundesrepublik Deutschland bestehen zwei der Öffentlichkeit zugängliche Freimaurer-Museen, das eine in Bayreuth, das andere in St. Michaelisdonn/Dithmarschen.

Die umfangreiche freimaurerische Bibliothek des Bayreuther Museums ist übrigens dem öffentlichen Leihverkehr angeschlossen.

Das FREIMAURERISCHE HILFSWERK E.V. der Vereinigten Großlogen von Deutschland – Mitglied im Deutschen Paritätischen Wohlfahrtsverband – ist auf caritativem Gebiet tätig. Dessen Unterstützungen fließen aber nicht nur unverschuldet in Not geratenen Mitgliedern zu, sondern auch Nichtbundesangehörigen. Eine Satzung regelt die Vergabe.

Bei großen Katastrophen ist das Freimaurerische Hilfswerk aber ebenfalls tätig geworden, so bei den Erdbeben in Guatemala und in Norditalien, wo eine neu errichtete Apotheke gestiftet wurde (in Osoppo).

Als das damals kommunistische Rumänien von einer Überschwemmungskatastrophe heimgesucht wurde und Hilfe nicht geleistet werden konnte, weil in Rumänien die Freimaurerei verboten war, fragte man bei der Katholischen Kirche an, und die erklärte sich bereit, die Spendensumme auf ihr möglichen Wegen in die Notstandsgebiete zu verbringen. Daneben bestehen zahlreiche Wohltätigkeitsvereine und Stiftungen, und es muß erwähnt werden, daß die Freimaurer bei ihren Zusammenkünften stets für in Not Geratene sammeln. In Hamburg existiert seit 1795 ein heute ganz moderndes Freimaurer-Krankenhaus, das seit kurzem zusammen mit dem Deutschen Roten Kreuz betrieben wird, und dann gibt es dort noch das freimaurerische Elisabeth Alten- und Pflegeheim, das in seiner vorzüglichen Einrichtung bundesweit Modellcharakter besitzt.

Die Freimaurerei in Deutschland

Die seit 1376 belegte Bezeichnung „freemason" entspricht der deutschen Berufsbezeichnung „Steinmetz", und das deutsche Wort „Loge" kommt vom englischen „lodge" und bezeichnet seit 1278 das den Bauhandwerkern als Versammlungsraum und Werkstatt dienende Holzgebäude, eigentlich die Baubude. Seit dem 15. Jahrhundert bezeichnet sich aber auch die Gruppe der Werktätigen als Loge.

Im Jahre 1717 fand in London der Zusammenschluß von vier Logen zu einer Großloge statt, die dann seit 1725 weitere Logen in England und dann auch auf dem Festland gründete, so auch 1737 die erste Loge auf deutschem Boden, die sich später in „Absalom zu den drei Nesseln" umbenannte und noch heute in Hamburg existiert. Von ihr gingen dann zahlreiche Logengründungen aus.

Die deutsche Freimaurerei erhielt damals einen großen Auftrieb, als sich im Jahre 1738 der damalige Kronprinz von Preußen, der spätere *Friedrich der Große*, von eben dieser ersten Loge aufnehmen ließ, übrigens ganz ohne Wissen seines gestrengen Vaters, des Königs *Friedrich Wilhelm*. Teilweise lag dann in der Vielstaaterei in Deutschland der Grund dafür, daß sich etliche Großlogen im Lande etablierten. Im Jahre 1933 gab es deren zehn, dazu kamen noch zwei „irreguläre" sowie eine Anzahl unabhängiger Logen von teils beträchtlichen Mitgliedsstärken.

Die völkische Bewegung wandte sich gegen die international eingestellte Freimaurerei, und da die Logen Mitglieder aufnahmen ohne Rücksicht auf deren rassische, politische, berufliche oder religiöse Zugehörigkeit, erklärten die Nationalsozialisten die Freimaurer kurzum für staatsfeindlich, zumal in den Logen natürlich auch Juden Mitglieder waren.

Schließlich hatten alle Logen bis zum Sommer 1935 ihre Tätigkeit einzustellen. Die Logenhäuser wurden beschlagnahmt oder abgerissen, die Vermögen eingezogen, Inventar und Bibliotheken weggenommen. Einige Logen stellten ihre Tätigkeit bereits 1933 von selber ein, weil sie in einem nationalsozialstischen Staat keine Möglichkeit für freimaurerische Betätigung sahen. Die Mitglieder des Bundes wurden verhöhnt und beschimpft als „Judenknechte" und „Vaterlandsverräter".

Logenseitig hatte man anfangs versucht, die Staatsführung über die wahren Ziele der Freimaurer aufzuklären, was wohl vor allem deshalb unternommen wurde, um die teils großen Vermögenswerte der Logen zu retten, vor allem die sehr wertvollen Logenhäuser und den Grundbesitz. Das mißlang aber.

Die nach 1945 wieder auflebenden Logen schlossen sich unter der dynamischen Führung des Großmeisters *Dr. Theodor Vogel* zu einer Einigung, den VEREINIGTEN GROSSLOGEN VON DEUTSCHLAND, zusammen.

Das Verhältnis zur Katholischen Kirche

Von jeher hat die Freimaurerei den Unmut der Katholischen Kirche hervorgerufen, die zwischen 1738 und 1918 in 12 päpstlichen Stellungnahmen Verurteilungen aussprach und katholischen Freimaurern wegen der „antiklerikalen Ziele" und der „humanitär-deistischen Weltanschauung" die Exkommunikation androhte.

Ab 1968 kam es zu einem offiziellen Dialog zwischen den Vertretern dieser Kirche und denen der VEREINIGTEN GROSSLOGEN VON DEUTSCHLAND, von jeder Seite vier. Dieser Dialog endete mit der 1972 von allen Teilnehmern unterschriebenen LICHTENAUER ERKLÄRUNG.

Diese, die zunächst der Glaubenskongregation in Rom vorgelegt und von ihr beraten wurde, gab dann den Anstoß, daß im Kirchenrecht die bisher darin enthaltene Exkommunikation gestrichen wurde und der Begriff „Freimaurer“ überhaupt nicht mehr Erwähnung findet.

In autoritär regierten Ländern ist Freimaurerei nicht nur verboten, sondern auch gar nicht lebensfähig, da sie jeglichen Zwang ablehnt und für die Ausübung der freien Meinungsäußerung eintritt.

Bei den Freimaurern muss die Qualitas klaren Vorrang haben vor der Quantitas

Seit längerem macht sich in der Freimaurerei in Deutschland eine Bewegung besonders bemerkbar: Man drängt in die Öffentlichkeit, will sich rechtfertigen, wo noch unangebrachte Vorurteile herrschen, will aber auch aufklären, will mehr Menschlichkeit und Würde in die Mitwelt bringen und – Männer für die Freimaurerei gewinnen.

Bereits gegen Ende des 18. und zu Beginn des 19. Jahrhunderts war dieser Drang in die Öffentlichkeit etwas Typisches für die Freimaurer. Man denke nur an *Lessing*, *Herder*, *Wieland*, *Matthias Claudius* und *Bluntschli.*

Sogar die Staatsverfassungen wurden damals aufs tiefste mitgeformt durch freigesetztes freimaurerisches Gedankengut. Ich nenne nur die Brüder *Freiherr von und zum Stein*, *Carlo Schmid*, *Thomas Dehler*.

Keine 100 Jahre später hörte dieser Dialog mit der Umwelt auf. Man betonte das Gesellschaftliche und war patriotisch gesinnt; schließlich stand ein Kaiser als Protektor an der Spitze der Brüder.

Wer aber ohne Dialog mit der Umwelt ist, der wird wirkungslos, und die Freimaurerei in Deutschland war zu jener Zeit steril geworden, sie hatte sich in diverse Systeme gespalten – es gab neun Großlogen und drei irreguläre, jede mit eigenem Ritual.

Da konnte die Freimaurerei in den Jahren ab 1933 nur sang- und klanglos untergehen. Trotz einer Mitgliederzahl von fast 80.000 war man in ideologische Richtungen gespalten – von betont deutschnationalem Christentum bis hin zum Pazifismus. Fragen bekennenden Deutschtums und der Regularität waren damals wichtiger als die Ausbreitung von Menschenwürde und Sozialbewußtsein.

In welcher Situation befinden wir uns heute?
Aus der Zerrissenheit zu Beginn des NS-Regimes wurde dank des enormen Einsatzes von Großmeister *Theodor Vogel* eine einige Freimaurerei in unserem Land. Darauf folgte dann eine hochinteressante geistige Entwicklung, nämlich die zurück zu den ethischen Gedanken der Vorväter, vor allem des *Lessing*, des *Herder* und des *Friedrich Ludwig Schröder*.

Man erkannte, dass eine nur einseitige Individuumspflege dem Zweck der Freimaurerei ebenso entgegengesetzt ist wie eine Loge, die sich abseits der weltweiten Bruderkette nur als humane Alleinveranstalterin für ihre Mitglieder auffaßt. Wir fragen heute nach den Aufgaben als einzelne wie als Logen, und ob wir in der Freimaurerei tragbare Werte besitzen, die mithelfen, das Leben menschlicher zu machen und vertrauensvoll in die Zukunft blicken zu lassen.

Fragen wir zunächst: Welche Werte besitzt die heutige Welt nicht?
Wir leben gleichsam in der Qual moderner Bodenlosigkeit. Zwei verheerende Weltkriege bestimmten das vergangene Jahrhundert, und heute ist der Mensch auf dem Wege, seine Welt selbst vernichten zu können. Illusionen scheinen verloren, aber auch die überlieferten Glaubensüberzeugungen brechen weg. Gleichzeitig nimmt die Erkenntnis zu, daß eine rein materialistische Einstellung und das Gieren nach Macht, Einfluß und Vermögen, keine Grundlage für die Gestaltung künftigen Lebens gewährleistet.

Wir sind Zeugen eines phantastischen Anwachsens wissenschaftlicher Errungenschaften – über die Welt des Makro- wie des Mikrokosmos – und fühlen uns im Innern unbehaglich.

Obendrein nimmt die Überzeugung zu, daß jeder sich nur auf sich selbst verlassen dürfe, wenn er sein Leben meistern wolle.

Auf der Gegenseite wächst die Skepsis, ob der Mensch die ins Immense gestiegenen Probleme überhaupt bewältigen könne. Daher träumen viele von der doch so viel schöner gewesenen Vergangenheit – auch die Freimaurer – oder fühlen sich von der verschwommen-gefühligen Welt vorgeführter Esoterik angezogen.

Die Meinung aber, daß alles schlechter geworden sei, stellt einen Trugschluß dar. Die Menschen und ihre Welt sind nicht schlechter geworden, lediglich die Maßstäbe und die Bedingungen, unter denen unser Leben heute gelebt werden muß, haben sich radikal verändert.

Hastender Verkehr, die bis ins Unterbewußtsein vorangetriebene Art der Werbung und der Medien, das wirtschaftliche Verlangen nach unbedingtem Gewinn, der Einfluß von Fernsehen und Internet, die nicht begreifbare Welt der Genmanipulation, die besonders im Vorderen Orient betriebenen fanatisierten Religionen, die Trecks aus unterentwickelten Völkern in den Westen, aber auch der mangelnde Raum für Muße und Stille, das alles und noch viel mehr ergeben ein beständiges Trommelfeuer auf den einzelnen, dem nur bleibt, sich zurückzuziehen oder sich in eine Gruppe zu flüchten.

Der Computer ist der verläßlichste Mitarbeiter, selbst der Arzt stellt nach ihm seine Diagnose. So ist der Mensch dabei, sich selbst aus seiner Arbeitswelt zu verdrängen, oder er wird zu Tätigkeiten geführt, die ihn nicht befriedigen. Die Freude an selbstgeleisteter Arbeit ging weithin verloren und ließ Mißmut entstehen und die Forderung an den Staat, für Abhilfe zu sorgen. Aber der erweist sich bei der rasanten Entwicklung immer mehr als gelähmt.

Der Apparat vermag mehr zu leisten als das menschliche Gehirn, das ihn erfand – und das kann in eine totale Kollektivierung führen.

Wenn wir Freimaurer den Forderungen des 21. Jahrhunderts nur mit dem Idealismus des 19. Jahrhunderts begegnen wollen, dann stellen wir uns selbst in Frage und sind den Aufgaben von Gegenwart und Zukunft nicht gewachsen. Hinzu kommt, daß nicht nur der islamistisch bestimmte Mensch seine Tiefendimension weithin verloren hat, auch der westliche Mensch ist stark davon betroffen. Eine Säkularisierung von Recht, Politik und Kultur hat sich vollzogen.

Zwar hat die Trennung geistlicher und weltlicher Gewalten eine dynamische Kraftentfaltung und als Folge eine nicht ungesunde Gärung in der Gesellschaft ausgelöst, aber sie rief zugleich beträchtliche Unsicherheit und Standpunktlosigkeit hervor. Und die Bindung an das Gewissen, die einmal entscheidenden Charakter besaß, ist mehr und mehr am Schwinden.

Wir haben uns zwar die Welt untertan gemacht, aber dem Menschen ist dabei die für ihn nötige Tiefe verlorengegangen, und mit dem Verlust der Tiefendimension ging auch die Welt der Symbole unter.

Während einst die Entscheidungen und die zu bewältigenden Aufgaben im Rahmen von Recht, Gewissen und Gottesfurcht aufgefaßt wurden, so besitzen heute die motorische Wirtschaft und die Wissenschaft und auch die Politik längst ihre Eigengesetzlichkeit und lassen sich durch moralische Erwägungen kaum beeinflussen.

Und das alles hat zu Unsicherheit beim einzelnen Menschen geführt, und in der Bewertung von gut und böse, von richtig und falsch ist man zunehmend unsicherer geworden.

Während noch die Väter ein teils recht unerbittliches Maß besaßen für die Dinge dieser Welt, so besitzen wir zwar unabsehbare Möglichkeiten, spüren aber immer mehr den Verlust eines Fundamentes, auf dem sich erst ein sittlich sicherer Standpunkt errichten läßt.

Wenn diese Entwicklung – und sie wird weitergehen – nicht eines Tages zu Chaos, Verzweiflung und Flucht aus der Wirklichkeit führen soll, dann muß der Mensch sein Leben zu einer Einheit innerhalb eines geordneten und befriedigenden Ideensystems zusammenschließen, und dieses Ideensystem, das sich auf die Einsicht in das Wesen des Menschen und seine Beziehungen zur Umwelt gründet, das ist die Humanität. Sie hat in der Freimaurerei und in der recht gehandhabten Logenarbeit ihren Platz.

Wonach verlangt denn die Menschheit um uns her!?

Tragen wir Brüder diese uns anvertrauten Werte in unsere Umwelt! Beweisen wir uns in der Welt als Freimaurer – nicht mit Worten, sondern mit Taten. Die allein sind der Ausweis für unsere Daseinsberechtigung!

Nur durch das Medium großer Künstler erfahren wir unsere Wirklichkeit. Es bedarf gleichsam der Mittler, um zu den Dingen in Beziehung zu treten. Es drängen sich Gedanken und das Wollen zusammen, und sie rufen uns immer erneut und lassen nicht los und werden endlich zum Handlungsmotiv.

Künstler spüren diesen Druck, bis sie sich endlich durch das geschaffene Werk befreien konnten.

So soll es auch bei den die Königliche Kunst betreibenden Brüdern sein, indem sie einfach ausleben müssen, was sie bei den Tempelarbeiten in sich aufnahmen und verarbeiteten. Es geht dabei weniger um die Worte, sondern um die erlebten Symbole und Allegorien, in denen sich unser nicht weitersagbares Geheimnis verbirgt.

So liegt in unserer Königlichen Kunst etwas Prophetisches, weil sie auf etwas hinweist, was sich erst in der Zukunft verwirklichen lassen wird.

Bert Brecht sprengte es seinen Zeitgenossen in die Ohren, daß auch der Geknechtete, der Heruntergekommene ein Mensch sei, und daß ein Schwacher nur schwach ist, weil ein Starker es so will. Auch der Heruntergekommene besitzt ein Recht auf Leben.

Ernest Hemingway verlangte vom Menschen einen Verhaltenskodex, wonach moralisch nur das ist, wenn er sich anschließend innerlich wohlfühlen könne, wobei er aber an sich selbst den strengsten Maßstab anzulegen habe.
Albert Camus erblickte den einzigen Sinn in einer für das menschliche Dasein immer sinnloser werdenden Zeit, wenn man die Humanität wirklich auslebt.

Oder der Freimaurer *Georg Büchner*, der zum Sturm aufrief, um die Menschen des „vierten Standes“ zur Menschenwürde zu befreien.

Diese vier trugen ja nicht nur Gesellschaftskritik vor, sie boten auch die Lösung an: Ehrfurcht vor dem Leben, denn alles verkündet auf seine Weise von der Kraft des Schöpfers, jenes Ewigen; wir sagen: des „Großen Baumeisters aller Welten“. Ihm und seiner Schöpfung gebührt Ehrfurcht. Das sollte in jeder Tempelarbeit spürbar werden.

Bitte keine Verurteilung eines anderen, bevor man nicht bei sich selbst bemüht war um eigene Erkenntnis. Ehrfurcht vor dem Leben auch gegenüber dem Gegner, dem Unangenehmen, wie es in der ZAUBERFLÖTE so treffend heißt: „Und ist ein Mensch gefallen, führt Liebe ihn zur Pflicht!"

Solche Einstellung verschafft Mut zum Leben, selbst ein großer Verlust kann durch die Art, w i e er getragen wird, zur Würde, zum Sieg der Menschlichkeit werden.

So können unsere Tempel Stätten des Heilens, des Vergebens, des Verbindens sein. Eine Kette von Brüdern braucht solche Kräfte. Erst an sich selbst arbeiten, das ist stets der Anfang. Nicht am anderen, sondern an sich selbst, ja, immer e r s t an sich selbst! Dann erst können wir wirklich Brüder sein.

Darum ist eine Voraussetzung für ein tatkräftiges Wirken der Brüder, daß jede Tempelarbeit mit ganzem Herzen betrieben und geübt und gekonnt den Brüdern dargeboten wird. Unsere Brüder haben darauf einen Anspruch! Jede Tempelarbeit muß getragen sein von dem alle Brüder beseelenden Geist, etwas ungeheuer Wichtiges und für die Menschheit so sehr Notwendiges zu tun. Wie schon *Lessing* vor über 200 Jahren ausrief: „Freimaurerei ist eine Notwendigkeit!"

Das ist es, was die Freimaurerei zu bieten hat, wenn die verbrüderten Männer aller Stände und Religionen sich in ihren Tempeln einüben in dieses lebensbejahende System hoher Auffassung von der Bestimmung des Menschen.

Humanität darf von uns nicht wie ein Besitz gehandhabt werden. Humanität ist nie statisch, sondern dynamisch, sie hat – durch die rituelle Kundgebung im Tempel – etwas Mitreißendes, Vertrauen Schaffendes in sich. Und diese Humanität gilt es draußen unseren Mitmenschen zu beweisen – weiter nichts.

Was also haben wir den unbewußt sehnsüchtigen Mitmenschen als Freimaurer zu bieten?

Dem einsam gewordenen Mitmenschen bieten wir einen Ort brüderlicher Begegnung, wo alles sonst Trennende überbrückt wird. Wo deshalb Vorurteile nicht mehr gelten. Und dem, der nach dem Sinn des Lebens fragt, dem bieten wir einen Weg.

Und von dem einzelnen Freimaurer darf erwartet werden, daß er die im Tempel gewonnene innere Festigkeit draußen auslebt.

Gegen die moderne Bodenlosigkeit, gegen die Angst, was kommen mag, auch gegen die Angst des Scheiterns, dann vor dem Altern und vor dem Sterben, hält die Freimaurerei in ihrem System das Erkennen des großen Zusammenhangs bereit und führt heran an die Wirklichkeit: Geburt, Wachsen und Reifen, Werden und Wirken, Leiden und Sterben und – die Hoffnung darüber hinaus.

Wer so aus der Tiefe heraus sein Leben einbezieht in die gegebene Bestimmung, der wird eine Haltung gewinnen, aus der heraus ein Mann recht mit seinem Leben fertig zu werden vermag und auch, daß andere an ihm Halt gewinnen können. Ein Freimaurer ist daher seinem Wesen nach ein ganz und gar freier und innerlich unabhängiger Mann.

Freimaurer ist ja nicht der, der in den Mitgliedslisten geführt wird, sondern derjenige, der das freimaurerisch-rituelle Ideengut bewußt mitträgt und auslebt.

Und was ist die Ursache für die von den Brüdern teilweise beklagte Wirkungslosigkeit in unserem Land?

Sie besteht allein aus der Diskrepanz zwischen unserer hohen Idee und deren mangelnder Verwirklichung.

Derartige Diskrepanzen hat es zwar immer gegeben und wird es auch immer wieder geben.

Schon der weise *Thomas von Aquin* beschwerte sich darüber, daß seine Glaubensgenossen zwar viel reden, aber wenig tun.

Aber diese Diskrepanz sollte bei den Freimaurern wesentlich kleiner sein als bei den anderen gutmeinenden Vereinigungen, weil unser System kein theoretisches, sondern ein dem täglichen Leben verbundenes ist. Wir betreiben nicht Wissensvermittlung und fordern dann entsprechendes Verhalten, sondern wir vermitteln dem Teilnehmer an unseren Arbeiten eine Lernerfahrung, die das Leben zu verändern vermag.

Und die Öffentlichkeit wird uns für glaubwürdig halten und die Freimaurerei wertschätzen, wenn die Diskrepanz zwischen unseren Zielen und unserem Verhalten möglichst klein ist.

So gewinnt man Glaubwürdigkeit, und die erzeugt Vertrauen, und Vertrauen ist die Grundlage für Verbrüderung und Freundschaft. Gelingt es den Brüdern, durch eine Übereinstimmung von Ziel und täglichem Verhalten in der Gesellschaft Glaubwürdigkeit zu gewinnen, dann stellt Freimaurerei in der Tat für unsere Gesellschaft – gerade die heutige und die zukünftige – einen unschätzbaren Wert dar, weil wieder an den Sinn des Lebens und die menschliche Zukunft geglaubt werden kann.

Können wir diese Glaubwürdigkeit, die die Väter unseres Bundes einmal im Volk besaßen, zurückgewinnen, dann brauchen wir uns nicht um zeitbezogene Begriffe der Moral zu bemühen, denn der Glaubwürdige s e l b s t ist es, der durch seine sittliche Haltung Wertmaßstäbe setzt.

Darum ist für uns auch nicht so sehr die Beschäftigung mit den Tagesproblemen wichtig, sondern die Gewinnung einer freimaurerischen Haltung angesichts dieser Probleme. Und wer in sittlich gefestigter Haltung lebt, der vermag auch die Dinge um sich herum wieder in Ordnung zu bringen.

Wichtig ist, daß die Umwelt erfährt, daß der Rang menschlichen Handelns nicht vom materiellen Erfolg allein und eingeheimsten Ehren abhängt, sondern vom Mut für ein sittliches Handeln, das von unserem Gewissen angetrieben wird.

Nicht der Beruf ehrt uns, sondern die Haltung, mit der wir ihn ausüben, er sei bedeutungsvoll oder nur gering. Je mehr diese Erkenntnis und das Wollen, daß diese Erkenntnis zur Tat wird, sich bei uns durchsetzt, desto weniger brauchen wir- um Anerkennung haschend und werbend – in die Welt zu tönen.

Dann können wir es uns leisten, leiser zu sprechen, damit der Partner nicht so brüllt, – und mit Partner meine ich unsere Umwelt mit all ihrem Bemühen, den Menschen zu beeinflussen. Durch unser Verhalten beweisen wir das in uns wirkende Freimaurertum. Somit ist Glaubwürdigkeit aus der Übereinstimmung von Freimaurertum und dessen Verwirklichung der Prüfstein für die Werte, die wir der Welt zu bieten vermögen.

Erst dann, wenn unsere Logen Räume voll brüderlicher Zuneigung, Verstehens – und auch Vergebens – sind, erst dann können wir uns tatkräftig den Zeitfragen stellen. Auf unsere Art pflegen wir eine größere Wahrheit, als sie die Vernunft zu bieten vermag.

Freimaurerei teilt etwas mit, was nicht vordergründig vorhanden ist. Wir lassen uns bei unseren Arbeiten auf etwas ein, das unbegrenzt ist. Von West nach Ost, von Süd nach Nord, wie die drei Hammerführenden deutlich machen. Eine total durchrationalisierte Welt reicht nämlich nicht aus, um wirkliches Menschsein zu gewährleisten. Und unsere Rituale haben auch nichts von einer vorweggetragenen Monstranz.

Darum: Leben wir aus, was wir im Tempel erfahren! Wir sind Freimaurer, und Freimaurerei ist ein Stoff, aus dem die Zukunft gestaltet wird, man mag Bedenken haben, aber es ist so.

Mögen daher unsere künftigen Arbeiten gesegnet sein!

Kann die Freimaurerei heute noch etwas bewirken?

Der Freimaurerbund ist eine Gesinnungsgemeinschaft, kritisch, nach einem Auswahlprinzip arbeitend und absolute Erkenntnisse ablehnend. Freimaurerei verkündet keine ihre Mitglieder verpflichtende Lehre, sondern beschränkt sich darauf, den Bereich zu umgrenzen, in dem sich die sittliche Haltung des Einzelnen bilden und weiten kann.

Die Grenzen der Freimaurerei liegen in der Erfüllung des Sittengesetzes, daher ordnen ihre Mitglieder dem WAS jeder Handlung stets das WIE vor, im persönlichen wie im beruflichen Bereich. Es geht den Freimaurern um die Erhaltung der Würde des Menschen, um dessen sittliche Freiheit sowie den Glauben an den Fortschritt der Menschheit und die Ausbreitung des Humanitätsgedankens.

Die Freimaurerei kann daher auch nicht als ein Kirchenersatz, als Philosophie oder Ideologie bezeichnet werden, und schon gar nicht ist sie geeignet als Werkzeug für bestimmte politische Parteien oder religiöse Gruppierungen.

In den Freimaurer-Logen soll den Mitgliedern gezeigt werden, was sie dem Staat schulden, und der Staat soll durch die Freimaurer darauf hingewiesen werden, was er seinen Bürgern schuldet.

Nun wird den Freimaurern bis auf den heutigen Tag vorgeworfen, sie bildeten eine Geheimgesellschaft, und die Gegner, die sich stets am äußersten linken oder am äußersten rechten

Flügel unserer Gesellschaft befinden, knüpfen daran die Verdächtigung, daß die Freimaurer jede staatliche Autorität untergrüben, weil sie nach politischer Weltherrschaft strebten. Um so ein Ziel – über alle Nationen und Grenzen hinweg – anzustreben, bedürfte es aber einer zentralen Lenkung. Und genau die gibt es bei den Freimaurern nicht. Jedes freie Land hat seine eigene Großloge, und über den Großlogen gibt es keine wie auch immer geartete Spitze mehr.

Die Antwort auf den Vorwurf der Geheimgesellschaft lautet: Das wirkliche und auch einzige echte Geheimnis der Freimaurer ist deren persönliches Erlebnis des rituellen Ablaufs der sogenannten Tempelarbeit. Diesem Erlebnis kann auch ein Außenstehender durch bloßes Zuschauen nicht das geringste Geheimnis entlocken, und gerade dieses allen Freimaurern gemeinsame Erlebnis, das aber individuell ganz verschieden ist, verbindet die Brüder der Loge miteinander. Da alle Freimaurer der Welt dieselben rituellen Erlebnisse hatten und immer wieder haben, besteht rund um unsere alte, gequälte Erde eine Kette von Bruderhänden, Symbol für Friedensbereitschaft und Verbrüderung über Grenzen, Rassen, Religionen und Stände hinweg.

Welch großartige Verwirklichung einer hohen Idee!

Vielleicht kann Außenstehenden dieses Erlebnis nähergebracht werden, wenn wir den Vergleich ziehen zu jenen herausragenden Augenblicken, in denen ein Mensch in einen Leben tragenden Verband aufgenommen wird, z. B. die Eheleute bei der Trauung, oder wenn die Mutter zum erstenmal ihr eigenes Kind im Arm hält oder auch die Empfindung eines Priesters bei seiner Weihe.

Bei jeder rituellen Zusammenkunft bilden die Mitglieder der Loge durch Händereichen eine Kette, die sich zum Kreis schließt. Damit wird die Zusammengehörigkeit bekundet und zugleich die Erinnerung an die eigene Aufnahme lebendig gehalten, als das neue Mitglied zum ersten Male in diese Kette der Hände und Herzen eingeschlossen wurde.

Und ist ein Freimaurer gestorben, so schließen die Brüder seiner Loge um seinen Sarg ein letztes Mal diese Kette und entlassen ihn dann zu seiner höheren Bestimmung.

Wenn Freimaurer aus anderen Ländern und Kontinenten eine Loge besuchen, so werden sie wie selbstverständlich in diese Kette eingeschlossen, lebendiges Symbol für mögliche Verbrüderung der Menschen.

Ein anderes Beispiel mag das, was an dem Erlebnis des rituellen Ablaufs unerklärlich bleibt, näherbringen: Für den Unwissenden stellt eine Partitur eine bloße Aneinanderreihung von Noten – Symbolen für bestimmte Töne – dar. Für den Kenner jedoch, den „Eingeweihten", ist die Partitur ein musikalisches Erlebnis, eine Welt voller Schönheit und Harmonie, die in seinem Innern erklingt.

Man kann dieses geheimnisvolle Erlebnis nicht erklären, höchstens erahnen. Verbunden mit den symbolischen Handlungen und den aus den Weisheiten der Völker übernommenen Dialogen läßt sich vielleicht ahnen, welche Methode die Freimaurer seit vielen Jahrhunderten anwenden, um ihre Mitglieder den freimaurerischen Zielen näherzubringen. Logisch erklären kann man diese Vorgänge nicht, weil sie sich weithin im Bereich des Gemüts abspielen.

Auch Musik ist logisch nicht zu erklären.

Symbole spielen nicht nur in den Religionen eine wesentliche Rolle, sondern auch in Chemie und Mathematik, in der Technik, bei den Verkehrszeichen, den Markenzeichen von Artikeln, in der neueren Logik und in der Kunst.

Ganz besondere Bedeutung aber haben Sinnbilder und Zeichen, die stellvertretend für nicht Wahrnehmbares stehen.

Die Symbole erleichtern die geistige Arbeit durch ihre Anschaulichkeit und vermögen auch weniger entwickelte Welten zu eröffnen, die ihnen sonst verschlossen geblieben wären. Geistige Entwicklungsstufen werden ausgeglichen und eine Atmosphäre der Gleichartigkeit des Denkens geschaffen.

Die Brücke von einer Loge zu all den anderen ist die gemeinsame Bausymbolik, denn das Lehrbild vom Tempelbau wird von allen Freimaurern in gleicher Weise verstanden, mögen ihre symbolischen Arbeitsweisen sich auch unterscheiden.

Ich halte die Symbolsprache, wie sie von den Freimaurern dargeboten wird, für die einzige Fremdsprache, die jeder lernen sollte. Wir erkennen daraus nicht nur die tieferen Schichten unserer Persönlichkeit; die Symbolsprache verhilft uns auch zum gegenseitigen Verständnis, denn sie ist der ganzen Menschheit gemeinsam.

Freimaurerei ist eine Pflanzstätte, in der durch Symbole gelehrt wird. Das ist das Unabänderliche.

In dem erhabensten Sinnbild der Freimaurer, dem des „Großen Baumeisters aller Welten“, wird jedem Mitglied das große Gegenüber aufgezeigt, vor dem das einzelne Mitglied in Verantwortung für sein Tun handelt, ohne daß die Freimaurerei durch eigene Lehrsätze Mitglieder ausschließt, die sonst gegensätzlichen Glaubensanschauungen angehören.

Das alles verhilft dem Freimaurer, so er seine Arbeit recht versieht, zur Selbsterkenntnis, der Voraussetzung zur besseren Gestaltung und Ausformung seines Wesens.

Jeder achtet jeden, sieht die eigene Freiheit nur durch die des Freundes begrenzt, übt anerkennende Toleranz, setzt sich für die Menschenwürde auch des Geringen ein und hilft, wo es ihm möglich ist.

In den Logenarbeiten begibt sich der Freimaurer auf den Prüfstand, um seine Haltung zu durchleuchten und zu erkennen, wo es bei ihm mangelt.

Das klingt nach hohem Idealismus. Ist es auch.

Aber ist nicht die Wirklichkeit, in der wir leben, ganz anders? Haben in ihr ethische Begriffe noch Bedeutung? Heißt das Gesetz nicht Aufsteigen des Starken und Untergang des Schwachen? Siegt nicht die Rücksichtslosigkeit? Wird nicht dem Sokrates wiederum und wiederum der Giftbecher gereicht und wird nicht Jesus Christus abermals und abermals gekreuzigt? Werden nicht alle echten Aufschwünge des menschlichen Herzens schnell durch Modeworte entstellt und durch Vermarktung entseelt?

Ich lasse mich nicht davon abbringen: bei den Freimaurern gelten nicht die rücksichtslos nach oben Gekommenen, sondern allein die Verbrüderer, die den Beweis für das Verständnis für den anderen ausleben. Es darf ganz einfach die herzlose Ichsucht nicht siegen, sondern der tiefe, wenn auch unhörbare Glaube an die Würde und die Zukunft des Menschen!

Freimaurer wollen moralische Siege erstreiten. Bei ihnen soll man Elemente entdecken, auf die ein jeder den Glauben an eine bessere Zukunft des Menschen gründen kann. Sie haben erkannt, daß die unbefriedigende Wirklichkeit ihren Ursprung in jedem Einzelnen von uns hat. Darum arbeiten sie an sich und glauben fest an das Unwahrscheinliche, daß wir uns zu bessern vermögen und damit einen, wenn auch winzigen, Teil unserer Gesellschaft. Tempelbau der Menschheit.

Wie ihre ALTEN PFLICHTEN VON 1723 es gebieten, hat sich die Freimaurerei seit gut 300 Jahren aus dem Tagesstreit herausgehalten. Sie ist nicht in das Rampenlicht der Öffentlichkeit getreten, sondern hat im Verborgenen gewirkt.Mitunter haben aber einzelne Mitglieder Einfluß auf die Entwicklung der Gesellschaft genommen.

Da haben *Garibaldi* und *Bolivar* ihre Länder von fremder Unterdrückung befreit, da haben 1848 in der PAULSKIRCHE zu Frankfurt deutsche Freimaurer für nationale Einheit gestritten, da haben sich in Frankreich Freimaurer für die Rechte des Volkes eingesetzt und mußten dafür allzuoft auf die Guillotine, da haben in deutschen Landen Dichter und Denker den Menschen aus selbstverschuldeter Unmündigkeit verholfen und einen hohen ethischen Universalismus verkündet, da haben Freimaurer in Amerika die Unabhängigkeitserklärung von 1776 unterzeichnet.

Niemals waren es die Funktionäre einer Großloge, sondern einzelne Logenmitglieder, und es war der Geist jener Männer, die an der Spitze der gesellschaftlichen Bewegungen standen, der in den Logen geschult worden war, geschult für Freiheit, Gleichheit und Verbrüderung.

Es war das Klima in den Logen, das der Entfaltung freiheitlicher, demokratischer Tendenzen förderlich war. Diese freiheitlich-demokratische Ausrichtung hat die geschichtliche Bedeutung der Freimaurerei ausgemacht.

Das unumschränkte System des Absolutismus wurde in Frage gestellt, moralisch nicht vertretbare Ansprüche wurden bekämpft, die Rechte des Volkes vertreten und dem aufkommenden Bürgertum gegen Klerus und Adel der Rücken gestärkt. Sie hat für die Verwaltung der Macht in der Gesellschaft neue Voraussetzungen signalisiert, und so hatte die Freimaurerei in jenen Jahren eine ungeheure Sprengkraft.

Ihre Logen waren Modelle für die Verwirklichung von Demokratie und Menschlichkeit, und so konnte es gar nicht ausbleiben, daß etliche Mitglieder in diesem Sinne auch außerhalb der Logen tätig wurden.

Es war kein Wunder, daß das den Logen großes Ansehen und starken Zulauf einbrachte.

Das heutige Problem unserer Gesellschaft, wie der Freimaurerei, heißt Vermaterialisierung unseres Lebens und das Fehlen einer leitenden sittlichen Idee. Das Bedürfnis nach Sicherheit, Entfaltungsmöglichkeit und guter menschlicher Gemeinschaft auf der einen und die heutige Realität auf der anderen Seite klaffen immer mehr auseinander. Das erzeugt Angst, Vereinsamung und Aggression.

Dazu wird die Fähigkeit, gut und böse zu unterscheiden, immer geringer, und der Mut, dem Schlechten zu wehren, schwindet mehr und mehr. Wer kann hier Halt gebieten?

Den Religionen, den Politikern oder den Wissenschaftlern ist es bisher nicht gelungen, diese Vermehrung von Abstumpfung und Selbstvernichtung aufzuhalten. Und auch die Freimaurerei als Ganzes besitzt keine Mittel gegen Unmenschlichkeit und Unmoral. Aber der einzelne Freimaurer hat sich immer dort zu engagieren – aus eigenem Antrieb -, und zwar mit Herz und Hand und Mund, wo immer Menschen etwas für die Freiheit, für die Gleichheit aller und für die Verbrüderung tun.

Es könnte durch die Freimaurerei also etwas bewirkt werden? 0h ja!

In der kleinen Welt der einzelnen Loge könnte schon etwas geschehen. Ihre Mitglieder könnten – geschult und gewissensgeschärft in den rituellen Arbeiten – Vorbilder abgeben, die auf die profane Welt einwirken. Jeder einzelne Freimaurer könnte dazu beitragen, Vertrauen unter den Mitmenschen aufzubauen; wo anonyme Angst herrscht, da könnte gesunde Vorstellung zur Anwendung gebracht werden, Toleranz auch dann noch zu üben, wenn der profane Mensch für ein Miteinander keinen Raum mehr sieht.

Wissenschaft und Technik haben es leider versäumt, in gleichem Maße wie ihre Spezialdisziplinen auch die seelischen Fähigkeiten des Gewissens, der Menschenliebe und Achtung voreinander zu entwickeln. Man hat verabsäumt, Verantwortung und Moral für die neu geschaffenen Möglichkeiten – auch in ihrer Menschheitsbedrohung – zu steigern.

Die heutige Welt krankt an einem ungeheuren Mangel an Moral! Und die Freimaurerei steht vor einer fast übermenschlichen Aufgabe, nämlich die mitmenschlichen Möglichkeiten auf sinnerfüllte Lebensinhalte hin zu entwickeln.

Aber wie?

Indem sich der Einzelne in seinem ganz persönlichen Umkreis mutig und tätig einsetzt, dieses lebensbedrohende Defizit an Verantwortung und Moral zu überwinden.

Es gilt: Bewährt Euch als Freimaurer!

Woher stammt die Freimaurerei?

Über die geistigen Wurzeln der Freimaurerei ist viel spekuliert worden, und weithin sind wir auf Vermutungen angewiesen, aber es gibt frappierende Parallelen im Gedankengut und Brauchtum zu anderen männlichen Mysterienbünden.

Unbeweisbar und reine Phantasie sind die leider Bestseller gewordenen Bücher von *Knight* & *Lamas* UNTER DEN TEMPELN JERUSALEMS und von *Baigent* & *Leigh* DER TEMPEL UND DIE LOGE.

Das älteste erhaltene Schriftstück, das *Regius-Manuskript* von 1389, bezieht die Freimaurerei auf *Euklid*, den Vater der Mathematik, dann das COOK-MANUSKRIPT von 1410, worin ein gewisser *Jabal* als Begründer der Freimaurerei bezeichnet wird.

In den englischen CONSTITUTIONS wird sogar *Adam* als der erste Freimaurer bezeichnet. *Lessing* hat diesen Hinweis richtig gestellt, dass damit symbolisch dargestellt werden sollte, dass Freimaurerei schon immer war als ein Bestreben zum Rechten, zum Guten, zur Weisheit des Ewigen.

Auch die ägyptischen Mysterienbünde und die Kabbalisten spielen eine Rolle. Feste Fakten gibt es nicht, nur eben, dass die Wurzeln der Freimaurerei weiter zurückreichen müssen als bis zur Gründung der ersten Großloge in England 1717, denn es kann sich zu der Zeit keiner aus dem Nichts heraus das freimaurerische Ritual ausgedacht haben.

Es gibt eine Linie, die sich mit Sicherheit zurückverfolgen lässt, schon weil unser Brauchtum weitgehend dieser Tradition entstammt: Die Bauhütten, die Dombaumeister der Gotik.

Bei Städtenamen wie Chartres, Reims, Amiens denkt man zuerst an die Kathedralen dieser Städte. Bei Straßburg, Köln, Regensburg, Freiburg oder Ulm ist jeweils der Dom das beherrschende Bauwerk. Im Mittelalter waren diese Bauten meist von einem freien Platz umgeben, und die sie aufstrebenden Häuser waren winziges Fachwerk. Das heißt, die Kirchen waren die dominierenden Gebäude, auch an Ausstattung. Es handelte sich jeweils auch um herausragende geistige und kulturelle Zentren.

Das Mittelalter war ein christliches. Eine seiner Schlüsselpersönlichkeiten war *Bernhard von Clairvaux*, dem der Zisterzienserorden seinen Aufstieg verdankt. Die Ordensbrüder und Bauleute haben viele ihrer Kirchen unter den besonderen Schutz der Heiligen Jungfrau gestellt: Notre Dame von Laon, Amiens, Rouen, Reims, Bayeux und natürlich auch von Paris.

Die Notre Dame von Chartres ist über einer uralten Grotte errichtet, in der schon in vorchristlicher Zeit eine Schwarze Madonna verehrt wurde, als Erdgöttin; andernorts mag sie, *Isis*, *Demeter* oder *Belisama* geheißen haben.

Besagte Grotte ist erhalten geblieben als Druidengrotte, aber sie ist wohl noch älter als die Kelten. Bei dieser Grotte holte man sich Kraft, wo tellurische Ströme an die Oberfläche traten, und daneben befand sich eine Quelle, die seltsamerweise Brunnen der Eingeweihten hieß. Man gewinnt ein Ahnen, dass hier eine alchimistische Synthese von Erde, Wasser, Luft und Licht erstrebt wurde, die den Menschen zu einer höheren Form seiner selbst veredeln sollte.

Die erste gotische Kirche war die Klosterkirche von Saint-Denis in der Nähe von Paris, um 1130. Von dort breitete sich der neue Stil der Gotik über ganz Europa aus, es kam geradezu zu einer „Kathedralen-Euphorie“. Mit Stolz und Selbstbewusstsein schmückten die Bürger ihre Städte mit prächtigen Gottesdienstgebäuden.

Die Finanzierung, ein meist vergessener Gesichtspunkt, wurde durch den Ablass von Sünden vorgenommen. So brauchte man nicht an Kreuzzügen teilzunehmen oder diese zu finanzieren. Man besuchte seine Kathedrale und spendete reichlich.

Frömmigkeit bestimmte damals das Alltagsleben der Menschen, und wir müssen die damaligen Kirchenbauten nicht nur als gottesdienstliche Versammlungsstätten sehen, sondern auch als HAUS DES VOLKES. In den Seitenschiffen der Kirchen herrschte lebhaftes Treiben, und der Bildungsunterschied zwischen Adel und Bürgertum war nur ein geringer, aber alle kannten die Geschichten der Bibel und der Heiligen; auf den Flügelaltaren waren sie sichtbar.

Während es in der Romanik viel Fronarbeit gab, ging es während der Gotik viel menschlicher zu. Aus Aufzeichnungen der Bauhütten ist ersichtlich, dass man zu den 52 arbeitsfreien Sonntagen noch weitere 30 arbeitsfreie religiöse Feiertage pflegte, und durchschnittlich wurde nur an 4 bis 5 Tagen in der Woche gearbeitet. Am Bau waren außer Zimmerleuten, Gerüstbauern, Dachdeckern, Gipsern, Steinbrechern vor allem die Steinmetze – die FREESTONE MASONS – tätig, unter ihnen die wichtigen Bildhauer. Von letzteren leiten sich die Freimaurer ab.

Diese hatten eine fünfjährige Lehrzeit zu absolvieren, ehe sie – wie es hieß – „spruchreif“ wurden, d. h., in die „Sprüche“, die Erkennungszeichen eingeweiht, und jeder sein Steinmetzzeichen bekam. Man konnte ja nicht lesen; deshalb bekam man den „Handschenk“, den geschenkten Handgriff, an dem man sich ebenso erkennen konnte wie am Erkennungswort, das buchstabiert wurde.

Auch die Baumeister arbeiteten körperlich mit und entwarfen den Bau nicht nur am Reißbrett, sondern arbeiteten tatkräftig mit. Ihre Vertreter hießen Parler, heute „Polier“ genannt.

Die Steinmetze bewahrten ihre Werkzeuge in der Bauhütte, auch Loge oder Lodge genannt, auf. In der Bauhütte fanden die Arbeitsbesprechungen statt. Alle am Bau Mitarbeitenden erhielten übrigens den gleichen Lohn, wie aus den Abrechnungen der Haupthütte zu Straßburg hervorgeht.

Die kirchlichen Würdenträger wie Bischof oder Kardinal durften sich nicht in die Bauvorhaben einmischen. Und die am Bau Arbeitenden schlossen sich als Bruderschaft mit festen Regeln zusammen, mit eigener Gerichtsbarkeit. Jeder konnte sich seinen Arbeitsplatz in ganz Europa frei wählen. Und man unterteilte je nach Wissen und Können in Lehrlinge, Gesellen und Meister. Wichtig war, dass alle „freie, unabhängige Männer“ waren und sich bei der Aufnahme zur Verschwiegenheit über die Bräuche und Bauweisen verpflichten mussten. Das steht noch heute so in den ALTEN PFLICHTEN.

Was war das geistige Konzept, das hinter der Gotik stand? Bei der vorangegangenen Romanik lastete das Gewölbe auf den Mauern, es wurde drückende Kraft vermittelt. Die Kraft der Gotik war eine dynamisch emporstrebende, scheinbar die Schwerkraft aufhebende. Sie repräsentierte nicht mehr die in sich ruhende Glaubensgewissheit, sondern den Weg empor, der erst gesucht und erkämpft werden muss. In der Gotik erwachte der Mensch zu einem bisher ungekannten Selbstbewusstsein, und die Steinmetze in den Bauhütten hatten einen hervorragenden Anteil an dieser die Mitwelt prägenden neuen Kraft.

Auch wollte man nun die Dunkelheit in den Kirchen vermeiden und Licht von oben in die Dome einlassen. Das scheinbar Unvereinbare des Unten und Oben sollte verbunden werden. Man wollte – um in der damaligen Sprache sich auszudrücken – das Himmlische Jerusalem stürmen und auf die Erde bringen.

Wir spüren den geistigen Bezug zu unserer Freimaurerei. Man wollte die Trägheit der Materie aufheben und diese vergeistigen. Wir denken dabei an die Symbolik, wenn nach den Plätzen der drei Hammerführenden gefragt wird.

Bei diesem Konzept der gotischen Bauherren spielte das Licht eine wesentliche Rolle. Dieses wurde als die der Materie am meisten entrückte Naturerscheinung betrachtet, als die größte Annäherung an die reine Form, an den Großen Baumeister. Das Licht, das bei uns ebenfalls eine entscheidende Rolle spielt, wurde damals als die Voraussetzung von Ordnung und Wert gedeutet.

Licht als transzendente Wirklichkeit, die das Gemeinsame aller Dinge ist, Licht auch als Sinnbild eines vollkommenen Geistes. So gewinnt für uns die Entfernung der Binde von den Augen des Suchenden hohen Symbolgehalt.

Vor Ende des 13. Jahrhunderts war es üblich geworden, den Eingangsabschnitt des Johannesevangeliums zu verlesen: „Am Anfang war das Wort“, das Schöpfungswort. Darum schlugen Freimaurer ihr erstes großes Licht, die Bibel, beim Johannesevangelium auf.

Schon *Pythagoras* glaubte, dem Göttlichen durch Geometrie am nächsten kommen zu können. Hieß es doch in der Bibel: „Du, Gott, hast alles geordnet nach Maß, Zahl und Gesetz.“ Also mussten Maß und Zahl Schlüssel sein, hinter das Geheimnis der Schöpfung zu kommen. Daher auch damals die Frage der Baumeister: „Muss nicht die Kirche nach den Gesetzen des Universums gebaut werden?“

Auf den geometrischen Regeln beruhte die Standfestigkeit und die Schönheit der Kathedralen. Es war der Versuch, die Struktur des Universums nachzubilden. So vermittelten die Baumeister der Bauhütten zumindest eine Andeutung von der Vollkommenheit des Großen Baumeisters aller Welten.

Es bedurfte zur Erstellung des Bauplanes einer Kathedrale einer Formel in heiliger Sprache – vielleicht eines Wortes des verlorengegangenen Meister- oder Schöpfungswortes. Die Buchstaben dieses Wortes – kabbalistisch entziffert – ergaben Zahlen, nach denen wurde das Maß berechnet, nach dem alle Proportionen des Bauwerks gemessen wurden. Die Formel soll die unverwechselbare Grundgestalt des Bauwerks und ihre Wirkung auf den Menschen enthalten haben. Vielleicht das eigentliche Geheimnis der Baumeister? Auch wir bedienen uns heute der Zahlen und deren Symbolik.

Nach dem 15. Jahrhundert wurden vor allem in England auch Berufsfremde in die Bauhütten aufgenommen, und nach und nach nahmen die Handwerkshütten die Züge spekulativer Logen an. Wahrscheinlich sollte mit ihnen das geistige Anliegen und das Wissen der gotischen Baumeister über die Zeiten hinweggerettet werden.

Wir haben das geistige Erbe angetreten, oft aber mit wenig Wissen, und das Umsetzen des geistigen Grundgehalts der damaligen Bauhütten auf die Gesellschaft unserer Zeit wird nur mäßig betrieben. Es muss aber das geistige Erbe aufgenommen werden, sonst verflacht die auf uns gekommene Tradition.

Erinnern wir uns an Wirkungen in jüngerer Zeit, als man das Geistige in die Gegenwart übertrug:

- an den Freimaurer *Garibaldi*, der Italien die Freiheit brachte;
- an die 1776 geschriebene Verfassung der USA, die von Freimaurern diktiert wurde;
- an den Geist, der in Frankreich die Revolution ermöglichte;
- auch an Deutschland, wo der freimaurerische Geist sowohl die Kultur als auch die gesellschaftliche Ordnung bestimmte. Man könnte eine ganze Reihe von Freimaurern nennen.

Schließlich noch mit *Goethe* aus einer seiner Logenreden:

> „Wir wollen denken, was undenkbar ist,
> wollen erfahren, was unerfassbar erscheint,
> bis aus der Fülle der Möglichkeiten sich
> ein neues Bild der Wirklichkeit ergibt."

Wer nicht strebt, kann nichts erreichen.

Lessing behauptete: Freimaurerei war immer – ich frage: Seit wann?

Die Geschichte der Freimaurerei ist rückwirkend seit fast 290 Jahren lückenlos zu erfassen.

Äußerst schwierig ist es aber, sie vor dem Jahre 1717 zu verfolgen, und so hat es auch verschiedene Geschichtstheorien gegeben, woher die Freimaurerei ihren geistigen Ursprung haben. Ich zähle im Einzelnen nur auf:

- Die Mysterienbünde
- Die Gesellschaften und Kulturbünde des frühen Christentums
- Die Ritterlegende des *Chevalier Ramsay*
- Die Rosenkreuzer und die ihnen verwandten kabbalistischen Lehren
- Die Mönchsorden
- Die Akademien der Renaissance
- Die Überlieferung der Bauhütten
- Endlich die Sprachgesellschaften.

Es seien die Vorläufer der Freimaurerei aufgezeigt, zu denen ein historischer Nachweis nicht möglich ist, aber eine geistige Verwandtschaft nicht nur vorhanden, sondern deren Kulte und Geheimwissen mit Sicherheit auf die eine oder andere Weise in die Freimaurerei eingeflossen sind. Wer sich mit Kulturen beschäftigt, der weiß, dass sie immer von den verschiedensten Seiten Gedankengut und Brauchtum aufgenommen haben.

So seien zunächst nur die möglichen esoterischen Wurzeln der Freimaurerei aufgezeigt:

Zum Beispiel die Osiris- Legende, die bei den Ägyptern eine große Rolle gespielt hat, und deren Einfluss auf die Freimaurerei zu Ende des 18. Jahrhunderts besonders durch *Ignaz von Born*, den Stuhlmeister der großen Wiener Loge Zur Wahrheit aufgenommen wurde, jener *Ignaz von Born*, der das Vorbild für den *Sarastro* in *Mozarts* Zauberflöte abgab.

Osiris, Personifikation der Sonne, vermählt bereits im Mutterleib mit seiner Schwester *Isis*, die den *Horus* gebar, den späteren König der Menschheit. *Seth*, der Bruder des *Osiris*, tötet diesen und zerstückelt den *Osiris*. Doch dieser wird wiedererweckt. Anklänge an die Geburt *Jesu*.

Die auf dieser Legende beruhende Kulthandlung war Sinnbild für Leben, Sterben und Auferstehung, auch für den Gegensatz von „gut und böse".

Unsere Kenntnisse darüber entstammen dem ägyptischen Totenbuch, das auch Mitteilungen über die Einweihungsriten eines neuen Mitglieds in den Mysterienbund enthält. Eine starke Priesterschaft pflegte einen ausgeprägten Tempelkult. Drei Grade wurden bearbeitet, und die Gebräuche wurden verschwiegen bewahrt.

Cheops, der etwa 2.530 vor Christi Geburt lebte und durch die von ihm erbaute Pyramide bekannt wurde, berichtet, dass zu Beginn einer kultischen Zusammenkunft in der Mitte des nach oben offenen Tempels – heute hat man in den Tempeln den Sternenhimmel – ein Pfahl in den Boden gerammt wurde.

An diesem nahm ein Priester, den Gott *Thot* darstellend, Platz. Dann wurde über die Pfahlspitze der Sirius angepeilt und nach neun Schritten ein zweiter Pfahl eingerammt. Danach peilte man von diesem den Orion an, machte wieder neun Schritte und befestigte den dritten Pfahl. Auf diese Weise hatte man vom Himmel einen rechten Winkel in den Tempel geholt, der das Abbild der göttlichen Welt war, symbolisierte er doch die ewige Rechtsordnung, und sie sollte der Mittelpunkt der mysterischen Zusammenkunft sein und Gemüt und Empfinden der Anwesenden bestimmen.

Dann wurden auf die drei Pfähle Fackeln gesteckt und entzündet. Eine Schnur wurde gezogen, die von dem mittleren Pfahl ausging und den Tempel umschlang.

Diesen Brauch mysterienbündlerischen Tuns übernahmen später die Etrusker, dann die Griechen und endlich die Römer. *Friedrich Schiller* hielt in der Universität zu Jena Vorlesungen über *Moses* und seine Eingebundenheit in den ägyptischen Mysterienkult.

In der ägyptischen Ma'at-Religion entdecken wir zu unserer Überraschung Gebote, die uns aus den christlichen 10 Geboten vertraut sind. *Moses* will diese auf dem Berge Sinai von Gott empfangen haben.

Dann die Mysterien von Eleusis, die aus Opfern, dem heiligen Drama und Hymnen bestanden. Die Rückkehr der Zeustochter *Persephone* aus der Unterwelt wurde gefeiert. Diese war vom Gott der Unterwelt, dem *Hades*, geraubt und geehelicht worden, musste aber von diesem für jeweils vier Monate wieder hergegeben werden. Die andere Zeit musste sie im Reich der Schatten verbleiben.

Diese Auferstehung zum Leben im Licht wurde rituell alle fünf Jahre gefeiert, und der athenische Staatsmann *Solon*, dann *Pythagoras*, *Demokrit*, *Archimedes*, selbst der römische Kaiser *Marc Aurel* ließen sich einweihen. Das heute noch in der Freimaurerei im I. Grad anzutreffende „Erkenne dich selbst" wurde in ELEUSIS rituell gepflegt.

Der BUND DER PYTHAGORÄER kannte ebenfalls eine Einweihung und drei Grade. Dessen Ziele waren Selbstbeherrschung und Streben nach Vollkommenheit.

Der Mysterienkult der ESSENER entstand ca. 150 vor Christi Geburt. Man lebte in Askese, liebte Symbole und Allegorien, pflegte Einweihungsriten und untereinander nannten sie sich Brüder. Bei seiner Einweihung erhielt der Novize einen Schurz umgebunden, ein Brauch, den man vermutlich von der Prophetenweihe übernommen hatte. *Johannes der Täufer* soll diesem Bunde angehört haben.

Im Jahr 1717 schlossen sich zu London vier Logen, deren Mitglieder kaum noch werktätige Maurer waren, zur ersten Großloge zusammen und feierten gemeinsam das Fest *Johannes des Täufers*. Das war am 24. Juni jenes Jahres, und noch heute nennen sich viele Logen JOHANNISLOGEN.

Diese erste Großloge der Welt gab sich 1723 eine Verfassung. Der englische Geistliche *James Anderson* hat sie zusammengestellt, und darin heißt es gleich am Anfang des ersten Hauptstücks: „In alten Zeiten waren die Maurer in jedem Land zwar verpflichtet ..." usw.

Dem *James Anderson* waren also Quellen bekannt, aus denen hervorging, dass die FREEMASONS ihre Vorgänger gehabt haben, und zwar schon vor Jahrhunderten, denn er beruft sich auf diese mit den Worten „In alten Zeiten".

Nun gab es einen *Johann Dominicus Fiorillo* (1748 – 1821), der in seiner GESCHICHTE DER ZEICHNENDEN KÜNSTE schreibt:

> „Im 12. Jahrhundert, wie auch schon früher, waren die Architekten Ordensgeistliche, welche unter der Leitung ihres Oberhauptes selbst Hand an die Arbeit legten und daher CEMENTARII – Maurermeister – genannt wurden."

Dieser *Fiorillo* nennt als seine Quelle die Briefe eines *Gofrid Vondocinensus*, eines Benediktiner-Abtes, der um 1610 in Paris lebte. *Fiorillo* fährt dann fort:

> „Man darf sich nicht wundern, wenn man in den Briefen des *Ives de Chartres* liest, dass die Mönche den Flecken von Courville mit einer Mauer umgaben und diese errichteten."

Bekanntlich hat der *Heilige Benedikt*, der im Jahr 543 starb, das berühmte Kloster MONTE CASSINO gebaut und dort den nach ihm benannten Orden gegründet.

Als erste Ordensregel hatte er festgelegt: ORA ET LABORA, d. h. BETE UND ARBEITE. Jeder Ordensangehörige musste handwerkliche Arbeit leisten.

Eine Bestätigung gibt der Engländer mit Namen *Paris*, der ein Benediktinermönch im Kloster ST. ALBAN war und dort 1259 starb. Er nannte den Bischof von Winchester einen GRANDMASTER OF MASONRY und sich selbst einen MASON.

Eine Urkunde aus der Zeit *Heinrichs VI.* aus dem Jahre 1438 enthält einen Kontrakt über den Aufbau einer Kirche. Der Baumeister hieß *William Horwode* und wird darin als FREEMASON bezeichnet, also Freimaurer. Er sollte, wie es hieß, den Bau mit seiner CRAFT errichten, das ist der noch heute bei englischen Freimaurern übliche Ausdruck für die Bruderschaft.

In D'ALAMBERTS ENCYCLOPÄDIE heißt es, dass die Römer das einzige Volk des Altertums gewesen seien, bei denen Baukorporationen besonderen Schutz genossen und geheim zusammenkommen durften, was sonst verboten war. Bei den Römern hießen diese Gesellschaften COLLEGIA – Baukollegien. Und damit hat es eine ganz besondere Bewandtnis.

Das Römische Imperium dehnte sich von Kleinasien bis nach England und von der Elbe im Norden bis nach Nordafrika aus. Die überall stationierten Legionen bestanden fast ausschließlich aus Männern der eroberten Gebiete, die verpflichtet waren, für Rom jeweils zehn Jahre Kriegsdienst zu leisten.

Folglich gab es in den römischen Legionen Männer der verschiedensten Glaubenskulte. Diese Soldaten – fern der Heimat – entbehrten entweder die religiösen Übungen oder mussten durch diese zur militärischen Ordnung angehalten werden. Der Senat in Rom hatte entschieden: „Freiwillige Unterwerfung unter den gewohnten Glaubenscodex ist besser als militärischer Gehorsamszwang." Wir würden heute sagen, es gehörte zur Truppenbetreuung, dass den Soldaten die Ausübung ihres religiösen Kultes ermöglicht wurde.

So zogen denn zahlreiche Baukollegien durch die Weite des Römischen Imperiums und errichteten Kult- und Andachsstätten, hier für Christen, dort für Mithraskultanhänger und dann weiter für Griechen, Perser, Sudanesen, Kelten, Germanen usw. Diese Baukollegien hatten das Vorrecht, geheim zusammenzukommen, um ihre Bauvorhaben durchzusprechen. Also unabhängig von den Offizieren der Legionen, damit sie in toleranter Ausübung ihres Auftrags allen Glaubensrichtungen gleichermaßen gerecht werden konnten.

Die Angehörigen dieser COLLEGIA müssen hochgebildete Männer gewesen sein, da sie sich in den verschiedensten Religionen auskennen mussten.

Als das Christentum dann unter Kaiser *Konstantion I.* zur Staatsreligion im römischen Machtbereich erklärt wurde, durften ab dem Zeitpunkt nur noch christliche Andachtsstätten errichtet werden.

Der erwähnte *Fiorillo* schreibt in seinem 5. Band der GESCHICHTE DER ZEICHNENDEN KÜNSTE, dass seit Beginn des 8. Jahrhunderts die Baukunst und ihre Schwestern in England geblüht hätten, und dass die Geistlichen ihre Beförderer gewesen seien. Er bezeichnete *Benedictus* als den ersten Bauunternehmer bedeutender kirchenarchitektonischer Werke, und das KLOSTER WEREMOUTH in Northumberland als das erste Prachtgebäude aus Stein.

An ganz anderer Stelle wurde eine Entdeckung gemacht: Ein Baumeister im Gefolge *Wilhelm des Eroberers*, der 1066 englischen Boden betrat und England eroberte, liegt bei Caen in der Normandie begraben. Er starb vor der Übersetzung über den Kanal. Sein Grabstein trägt die Inschrift PETRARIUS, übersetzt STEINARBEITER, und dann wird tatsächlich die COMPANY OF MASONS, einmal sogar die Bezeichnung FREEMASONS erwähnt.

In dem von *Chaufpié* herausgegebenen Nachtrag zu *Pierre Bayles* (1647 – 1706) DICTIONNAIRE HISTORIQUE ET CRITIQUE, das übrigens großen Einfluss auf die Aufklärung hatte, heißt es: „*Elias Ashmole* wurde im Oktober 1646 in Warrington zum Freimaurer erwählt." Es heißt dann weiter: „Diese Gunstbezeugung ist um so bedeutender gewesen, weil es Könige nicht unter ihrer Würde gehalten haben, in diese Gesellschaft aufgenommen zu werden."

Man setzt ihren Ursprung in die Regierungszeit *Heinrich III.*, gestorben 1272, in welcher Zeit eine päpstliche Bulle einer italienischen Gesellschaft von Maurern und Baumeistern die Erlaubnis erteilte, ganz Europa zu bereisen und überall Kirchen zu bauen. Aus dieser Gesellschaft sei dann die BRÜDER-

SCHAFT DER ANGENOMMENEN UND FREIEN MAURER entstanden, die sich bei ihren Treffen vertrauter Zeichen und Losungsworte bedienten. Lesen und Schreiben war ja weithin unbekannt. Die Aufnahme in diese Gesellschaften erfolgte in feierlicher Weise, und jeder musste schwören, die anvertrauten Geheimnisse streng zu bewahren.

Im Mittelalter – also vom Untergang Roms um 550 bis etwa zum Jahre 1000 – entstanden die Bauhütten. Auf christlicher Grundlage sollte jedem Baugenossen ein gesicherter Arbeitsplatz gegeben werden. Es durfte keiner wuchern. Jede Form von Begehrlichkeit wurde untersagt, und es musste ordentliche Arbeit geleistet werden, wollte man Mitglied der Hütte bleiben. Es wurde die Einteilung von Lehrling, Geselle, Meister eingehalten.

Es war die Zeit der Städteentwicklung, und überall finden wir festgeschlossene Korporationen, die sich aus den Klöstern herausgelöst hatten. Aus den Handwerkern, bisher im Klosterverband lebend und von daher ihre Aufträge bekommend, bildeten sich endlich genossenschaftliche Verbindungen, aus denen dann die Bauhütten hervorgingen.

Aus dem Zusammenhang der Bauhütten mit den Klöstern ist letztlich auch die christliche Religiosität herzuleiten, welche noch heute in den Freimaurer-Ritualen anzutreffen ist. Von den rituellen Übungen des Benediktiner-Ordens stammen die noch heute von uns verwendeten Ausdrücke AUFSEHER, SCHAFFNER, VORBEREITENDER BRUDER.

Die Ausführung großer Bauten musste natürlich eine beträchtliche Zahl von Steinmetzen und sonstigen Arbeitern für mehrere Jahre zu einem gemeinsamen Zusammenleben verbinden. Dazu waren Ordnungen nötig, nach denen die am Bau Tätigen weitergebildet wurden, aber wodurch vor allem für sittlichen und rechtlichen Halt gesorgt wurde. Aus dieser Notwendigkeit entwickelten sich Rituale. Die meisten konnten nicht lesen. Deshalb wurde durch Symbole und Allegorien zum Ausdruck gebracht, was erforderlich war. Man griff auf das alte Ägypten zurück.

Bereits im 13. Jahrhundert machten sich die Steinmetzhütten von den Klöstern unabhängig. Überall im Land entstanden nun Bauhütten. Das Besondere war, dass die allen gemeinsame Ordnung nicht nur schlichte Handwerkskenntnisse und Vorschriften beinhaltete, sondern – zur Überraschung der Forscher – auch eine geistige Einheitlichkeit vertrat, die sich auch auf einheitliche Erkennungszeichen und den Ritualbereich erstreckte.

Die Zeit, wann sich die Steinmetzbruderschaften in Deutschland zu einer geschlossenen Organisation zusammentaten, wird bis ins 11. Jahrhundert zurückverlegt, wo man am sichersten weiß, dass sich die altrömischen Elemente der CEMENTARII über die Klöster mit denen der Steinmetzen verband.

Die Entwicklung
- RÖMISCHE BAUKOLLEGIEN
- BENEDIKTINER-ORDEN
- BAUHÜTTEN
war fließend und ist zeitlich nicht abgrenzbar.

Dem Jahr 1000 sah die damalige Menschheit mit Angst entgegen, und die Bußprediger taten ein übriges, den mit der Jahrtausendwende eintretenden Weltuntergang auszumalen. Als dieser Untergang dann aber nicht eintrat, war alles von Dankbarkeit überströmt, und man riss die alten Kirchen ab und ersetzte sie durch prächtige Dome und Kathedralen.

In *Milners* GESCHICHTE VON WINCHESTER heißt es: „Der Bischof *Lucy* hat zum Zweck des Dombaues im Jahre 1202 eine Brüderschaft gegründet, und dies ist der Ursprung der Gesellschaft der Freimaurer“ (Society of Freemasons). Er berichtet weiter, dass ein Eid zur Geheimhaltung allen Eingeweihten auferlegt wurde, und dass ein Schleier des Geheimnisses über allen Versammlungen lag. „Dadurch wurde ein neues Licht entzündet“, so Milner

Aber es traten die Steinmetz-Bauhütten schon früher in Erscheinung, so bei der Errichtung der Dome zu Hildesheim (1061), zu Naumburg, Speyer und Bamberg. Immer war es das gleiche: Die Grundgesetze und Bauvorhaben wurden nie schriftlich abgefasst, sondern durften nur in den geheimen Versammlungen mitgeteilt werden.

Schließlich war die hohe Absicht, mit der sakralen Baukunst gleichsam die Gegenwart Gottes zum Erleben zu bringen, und genau diese Kunst begründete die Geheimhaltung. Wir finden zu jener Zeit Bauhütten in Magdeburg, Lübeck, Bremen, Köln und Halberstadt.

Aber die Blüte deutscher Baukunst sollte nicht lange dauern, und mit ihrem Verfall stellten sich Auflösungserscheinungen und Unordnung bei den Bauhütten ein. Um dem entgegenzusteuem, traten im Jahre 1459 die Meister von 19 süd- und mitteldeutschen Bauhütten kapitelweise, wie es hieß, zusammen und schrieben am 25. April zu Regensburg die erneuerten Ordnungen nieder, die 1498 von Kaiser *Maximilian I.* und dann stets von den nachfolgenden Kaisern bestätigt wurden.

Diese so erneuerten Baugenossenschaften waren autonom konstituiert – wie die heutigen Logen – und als oberster Richter wurde in jeder Hütte ein Meister eingesetzt. Der jeweils Beklagte hatte vor dem Richterstuhl zu erscheinen, und den Richter nannte man den „Meister vom Stuhl“. Damals gab es sogenannte Haupthütten in Straßburg, Wien, Köln und Bern; höchste Instanz war die Haupthütte zu Straßburg.

Die Cooke-Handschrift der englischen Bauleute – etwa um 1430 entstanden – enthält eine Zunftsage und eine Anleitung zum sittlichen Verhalten, sowie ein Book of our Charges, das 1388 aus Westengland gekommen ist. Wir erfahren aus dem im British Museum zu London aufbewahrten Manuskript, dass die Masonry – also die Freimaurerei – „das vornehmste Gewerk ist, weil sie von der Geometrie, der ersten und angesehensten der sieben freien Künste, abstammt".

Dann ist die Regius-Handschrift – auch genannt das Halliwell-Gedicht – zu nennen. Es entstand gegen Ende des 14. Jahrhunderts und ist eine Abschrift von bereits zuvor niedergeschriebenen 794 gereimten Versen, enthaltend Regeln über sittliches Verhalten und die Baukunst. Zusätzlich eine Erzählung von der Einführung der Masonry in England und eine Beschreibung der deutschen Schutzheiligen der Bauhütten, den sogenannten Quatuor Coronati, denen wir übrigens am Wiener Stephansdom wieder begegnen.

Nun gehörten zu den Bauhütten auch in Deutschland nicht nur Handwerker, sondern auch Liebhaber des Handwerks, namentlich Künstler, auch Maler, Illustratoren von Büchern, aber auch etliche Herren von Adel, wie z. B. die *Freiherrn von Tucher* aus Nümberg, ja, selbst Kaiser *Maximilian* hat sich in eine Dombauhütte aufnehmen lassen.

Derartige Einbrüderungen von Handwerksfremden gab es auch in den Gilden, die sich dem Städtebau widmeten. Der Anlass lag nicht darin, mit den Handwerkern eine enge Verbindung einzugehen, sondern es lockten die geheimgehaltenen Kenntnisse der Kunst.

Ohnehin hatten die Bauhütten für jene als Unterschlupf gedient, die mit der herrschenden und strafenden Kirche unzufrieden waren. Nach *Ludwig Keller* (Archivar in Berlin, 1849 – 1915) boten damals die Bauhütten den aus den kirchlichen

Brüderschaften Ausgeschiedenen Schutz und Ersatz für die bisherige Bruderschaft. Und so ging man immer mehr dazu über, neben dem handwerklichen auch den geistigen Bau zu pflegen, indem man in den Menschenseelen Tempel Gottes errichten wollte.

Zurück nach England: Unter *Heinrich VIII.*, der sich von der Römischen Kirche löste und in England eine Kirchenreform einleitete, änderte sich auch die Stellung des Staates zu den kirchlichen Institutionen. Der König war jetzt Oberhaupt der Staatskirche, und so zog er kurzerhand die Abteien und Klöster, dann die Stiftungen, überhaupt alle Vermögenswerte der katholischen Kirche ein. Das Gesetz von 1547 war dafür die Grundlage. Das machte aber auch die immer in Beziehung zur Kirche gestandenen Bauhütten arm und wirkungslos.

Kurz nach 1547 wurden zudem alle Urkunden der Bauhütten vernichtet, so dass nach dem Cooke-Manuskript bis 1717 eine Lücke von 280 Jahren entstanden ist, die dem Historiker Mühe macht.

So vernichtend alles für die Bauhütten war, die rituellen Bräuche lebten fort, und die Baugenossen sammelten sich wieder. Aus der religiös begründeten Brüderschaft wurde die philosophisch-spekulative Society mit ihren erzieherisch-humanitären Zielen, ihren rituellen und symbolischen Mitteln und ihrer geheimen Tempelbau-Darstellung. So bildeten sich die Societies of Freemasons und hatten mit den alten Werkmaurerlogen nichts mehr zu tun. Die Mitglieder führten jetzt auch kein Gemeinschaftsleben mehr, jetzt waren es die geistigen Bande, die eine Kette „von mason zu mason" schlugen.

Die Stadt London war im 17. Jahrhundert eine europäische Metropole, wozu die Hanse die Grundlage gelegt hatte. In ihr wurde ebensoviel Deutsch wie Englisch gesprochen. Da brannte im Jahre 1666 ein großer Teil Londons nieder. Dies war vor allem für die in Deutschland darniederliegenden Bauhütten Anlass, sich auf den Weg nach Englands Hauptstadt zu machen, denn dort winkte für viele Jahre Arbeit, auch im Kirchenbau.

So kam es, dass wir beim Wiederaufbau Londons für fast drei Jahrzehnte viele Bauhütten-Handwerker in London finden, die sich alten Ordnungen entsprechend in LODGES zusammenschlossen.

Doch nach dieser Wiederaufbauphase verfielen die LODGES bald wieder, aber – sie besaßen noch immer das Privileg, geheim zusammenkommen zu dürfen, um die Kenntnisse der Baukunst weiterzugeben, das rituelle Brauchtum zu pflegen und sich während ihrer Treffen unbeobachtet zu wissen. Das war damals wichtig, denn der schrankenlos betriebene Absolutismus herrschte mit seiner Fürsten-Willkür, und da war es nur zu selbstverständlich, dass sich die freien und unabhängigen Geister mehr und mehr in den LODGES sammelten, wo sie ungestört ihre freimaurerischen Ideen diskutieren und ausbreiten konnten.

So kam es, dass sich 1717 in London vier der letzten Handwerkslogen, die aber bereits mehrheitlich aus Nichthandwerkern bestanden, zu einer Großloge zusammenschlossen und an ihre Spitze einen Großmeister wählten und sich sechs Jahre danach eine noch heute gültige Verfassung, die CONSTITUTIONS mit den ALTEN PFLICHTEN VON 1723 gaben.

Mit Recht muss daher gesagt werden, dass mit dem Jahr 1717 eine neue Freimaurerei, THE MODERN MASONRY, ins Licht der Geschichte trat, wurzelnd aber in den alten Überlieferungen. Wissenschaftler, Künstler, Adlige und Gebildete drängten in die Logen, nahmen die maurerischen Überlieferungen auf und ließen die alten Gebräuche im geistigen Bereich wieder aufleben. Überholtes wurde ausgeklammert, Neues, in die

Zukunft Gerichtetes, wurde rituell aufgenommen, auch die drei Grade wurden nun ins Symbolische erhoben.

Sir Christopher Wren, der Erbauer der Londoner ST. PAULS CATHEDRAL, war ein FREEMASON, dann auch Großmeister. Er starb im Jahre 1723, dem Jahr der Herausgabe der überarbeiteten ALTEN PFLICHTEN. Diese wurden in der gleichen Ausgabe der Zeitung POST BOY abgedruckt, in der auch die Traueranzeige von *Christopher Wren* stand.

Zum Schluss noch einige der damals in den LODGES gültigen Gesetze, die aus alten Ordnungen übernommen worden waren: „Keine Person darf angenommen werden, die nicht als solche tüchtig von Leib, ehrbar von Herkunft, von gutem Ruf ist und den Gesetzen des Landes folgt."
„Die Logen müssen von einem Meister, seinen Gehilfen und den Aufsehern geleitet werden. Diese sind jährlich neu zu wählen."
„Keine Person darf die Aufnahme erleben, ehe sie nicht einen Eid abgelegt hat, dass sie alle wahrgenommenen Dinge geheim behandelt."

Damit hatte sich die längst eingeleitete Trennung der Freimaurer vom Handwerk vollzogen, aber geistig reichte man zurück in lange vergangene Zeiten.

Aus den Baugenossenschaften war etwas völlig Neues geworden: Die heutige Freimaurerei als eine vergeistigte Baukunst mit dem Ziel der Verbrüderung der nach dem Lebenssinn strebenden Männer.

Was hatte Lessing gesagt:

„Freimaurerei war immer."

Wenn wir uns redlich plagen, sind wir am Abend da.

Vortrag an einem Schwesternfest

Es ist früh am Morgen. Drei kleine Jungs marschieren auf einer noch nebelfeuchten Straße nebeneinander her. Noch herrscht in der Frühe des Morgens – am Beginn unseres Lebensweges – kein Verkehr, und die drei nehmen in ihrer kleinen Wichtigkeit die Mitte der Straße ein.

Kleine Majestäten, denen noch die ganze Welt gehört.

Die Sonne, erst vor kurzem aufgegangen, scheint ihnen voll ins Gesicht. Ihre Bewegungen sind noch nicht verspielt, der Gehorsam hält sie noch umfangen. Mütter – Ausgang unseres irdischen Lebens – hatten sie auf den Weg geschickt, und sie hatten recht getan, als sie die Jungen beauftragten, denn Erziehung für das Leben heißt vor allem, dem jungen Menschen frühzeitig immer wieder Aufgaben zu stellen, an denen diese ihre Fähigkeiten erproben und dann wachsen und reifen können.

Schon jener große Erzieher Pestalozzi hatte die Arbeit – bereits zu frühester Jugendzeit – als Grundlage wahrer Erziehung gefordert.

Es ist ein Irrtum zu meinen, man erzöge die Jugend durch beständiges Ermahnen, durch unerbittliches Eintrichtern von Wissen oder gar durch Diskutieren über den Sinn von Erziehungsmaßnahmen.

Jedes Kind muss – seinem Alter entsprechend – selber arbeiten, auf sich selbst gestellt sein und früh angemessene Pflichten und Verantwortungen übernehmen, damit es Erfahrungen sammelt – mit den Dingen und vor allem mit sich selber, um dann stolz sein zu können auf Vollbrachtes.

Ein Kind muss zum eigenschöpferischen Handeln geführt werden, damit es selbständig entscheiden lernt, sich selbst erprobt und an Selbstbewusstsein zunimmt. Jugend will Einsatz, will sich wagen und zeigen, was sie kann.

Kehren wir zurück zu unseren drei Jungen.

Wacker schreiten sie aus, und bald schon ist der Ernst verloren. Sie sind abgelenkt, und sie erzählen sich gewichtige Dinge und übertreiben dabei. Der Wunsch, schon groß zu sein und Eindrucksvolles zu leisten, drückt sich aus. Und sie merken nicht, wie die Straße vor ihnen ansteigt.

Da bleiben wir stehen und schauen den drei am Beginn der Lebenswanderung Stehenden nach, die so sorgenfrei drauflos marschieren und die Beschwernisse noch nicht wahrhaben wollen.

Es ist uns ein Gleichnis für die Wanderung durchs Leben, wo am Morgen noch die Sonne ihre Strahlen aussendet, der Weg zwar ansteigend vor einem liegt, aber am Beginn bezwingt man ja noch die ganze Welt!

Die Schatten hinter den drei Knaben sind lang, wie es des Morgens zu sein pflegt, aber sie werden kürzer und kürzer und die Jahre gehen dahin, die Sonne ist emporgestiegen, die Straße hat sich belebt.

Es ist Vormittag! Über allem liegt Zukunft, und voller Wagemut sind die Bewegungen unserer drei. Aber es sind nicht mehr jene drei Jungs. Sie sind inzwischen zu jungen Männern herangewachsen, und anstelle des einen ist ein Mädchen dabei, wie es sich in jenen Jahren einzustellen pflegt. Wir folgen ihnen mit unserem Blick und freuen uns über die Unternehmungslust, die Hilfsbereitschaft, den Idealismus dieses Alters und bewundern die Harmonie der Gegensätze, die im Vormittag des Lebens beschlossen liegt: Dranwagend, aber zugleich abwartend, herausfordernd, ja dreist, aber zugleich zurückgezogen und still, hart und rücksichtslos, aber zugleich heimlich um Verzeihung bittend.

Sie können Mist fahren und zugleich Klavier spielen, sie geben sich enthemmt in der Disco und sie ordnen Blumen und pflegen Alte. Sie scheinen sorglos und fürchten sich heimlich vor der Zukunft, sie lieben ihre Gegenwart und schrecken vor der Welt der Erwachsenen zurück.

Da müssen wir sie behutsam loslassen, aber unmerklich doch acht geben. Mitunter macht man sich in dieser Zeit etwas vor, weil man nicht hinzunehmen bereit ist, dass Bewundertes enttäuschte. Wie jenes Mädchen, das von seinem Lieblingsschauspieler enttäuscht wurde, aber es klatschte Beifall, weil es nicht wahrhaben wollte, dass jener auf der Bühne versagte.

Das ist der Idealismus dieses Alters, wo alles gut und gerecht zugehen müsse, selbst wenn diese Haltung hinter derber Provokation versteckt wird. Vielleicht würden unsere drei Wanderer den Satz von dem redlichen Plagen anders werten. Redlich – ja, redlich muss alles zugehen, aber plagen? Wir werden mit den Widerständen schon fertig.

Aber, oft ist das Elend unerwartet da.

Klaus Mann berichtet: „Ich sehe mich noch die steinernen Stufen vom Eingang unseres Hauses herunterkommen und den Garten durchqueren. Es ist eine meiner vielen Abreisen.

Ich trage meinen Handkoffer, ein paar Bücher, den Regenmantel. Da erscheint mein Vater am Fenster seines Schlafzimmers. Es ist 4 Uhr nachmittags, seine Ruhestunde. Er ist eben dabei, die Jalousien herunterzulassen. Aber er unterbricht seine Hantierung, da er mich drunten in der Allee bemerkt. Er winkt mir zu mit einem etwas müden und ernsten Lächeln. ‚Viel Glück, mein Sohn', ruft er mir zu. ‚Und komm heim, wenn dir elend ist.'“

Das in der Bibel berichtete Gleichnis vom verlorenen Sohn tritt uns vor Augen, wo der Elende wieder heimkehrt zum Vater, und dieser sich so sehr darüber freut, dass er ein Festmahl bereiten lässt.

Der Auszug der Kinder, wenn sie flügge sind und einfach davonmüssen, ist immer etwas Wehmütiges für jene, die bisher diese Kinder pflegten und erzogen, um sie reif für das Leben zu machen.

Da ist so ein Sohn, der künftig seinen Lebensweg mit einer Gefährtin gehen will. Er ist noch einmal in seinem Jugendzimmer, und die Mutter sieht ihn versonnen vor seinem alten Spielregal stehen, das jetzt Bücher beherbergt. Er fragt, wo denn die Autogarage hingekommen sei, die er mal zu Weihnachten bekommen hätte. Nie mehr hatte er sich seither dafür interessiert.

Und dann klimpert er auf dem Klavier jenes alte Kinderlied, das die Mutter ihm früher einmal vorgesungen hatte. Es ist tiefstes, reinstes Abschiednehmen, nicht nur von Zuhause, den Eltern, sondern von einem Alter, das nun für immer vorüber ist.

Merkwürdig, wo es doch in der Ehe der Eltern auch Zank und Streit gegeben hatte. Gewiss, aber darauf kommt es gar nicht an, denn nicht das Auftreten von Differenzen und Missverständnissen kennzeichnet eine Ehe als gut oder schlecht, sondern es kommt allein auf die Art an, wie die beiden mit den Belastungen fertigzuwerden wussten.

Etwas Wunderliches leuchtet in der Zeit des Abschiednehmens auf. Was bisher nicht so deutlich empfunden wurde, das erfährt plötzlich den Glanz des Schönen und des Gutgewesenen.

Immer, wenn man sich auf den Weg macht, ist einem Abschied bestimmt. Abscheiden vom bisher Vertrauten, Gewohnten. Und so haftet jedem Abschied etwas Feierliches an, denn was einmal war, erfährt unerwartet im Rückblick eine Verschönerung, und gute Wünsche und liebevoller Zuspruch pflegen gesagt zu werden. Etwa die Mutter zur Schwiegertochter: „Pflege und liebe ihn noch mehr als ich."

Matthias Claudius sagte zu seinem Sohn: „Erwarte nichts und verlange nichts. Gehe langsam deinen Weg, aufgerichtet und stets in dich selbst gesammelt. Auf eigenen Schultern trage alles, und spanne dich stets in das harte Joch, in die Einsamkeit deines Gewissens. Suche weder Heldentaten noch den Ruhm. Die vermeintlich großen Dinge sind meist hohl und haben wenig Wert. Lerne dich zu bescheiden und nimm deine Seele immer behutsam in die Hand."

Und er meinte: „Plage dich redlich bis zum Abend hin."

Es ist ja so wichtig zu wissen, wessen wir auf unserem Lebensweg nicht bedürfen. Wir befrachten uns mit soviel Unnötigem, mit soviel törichter Last!

Wir müssen aufmerksam werden für das Wesentliche:

„Mensch, werde wesentlich!
Wenn deine Welt vergeht,
dann fällt der Flitter weg.
Das Wesen, das besteht."
Angelus Silesius

Es ist wie überall in der Schöpfung: Erst muss die Wandlung eintreten, ehe die Erfüllung kommen kann. Erst die Arbeit an sich selbst, ehe man Verantwortung in der Gemeinschaft übernehmen kann. Darum muss man lernen, jener sittlichen Forderung zu entsprechen: Behaupte nicht dein Recht, bestehe nicht unnachgiebig auf deinen Ansprüchen! Es gibt niemanden, der das Recht nur für sich hat. Wer die helle Stube liebt, der muss die Lampe putzen. Keiner wird glücklich ohne sein Zutun.

Unsere auf der Straße dahinziehenden Freunde erlebten es: Sie stemmten sich gegen den Sturm, der Regen peitschte ihnen ins Gesicht, der Staub der Felder trocknete ihnen die Kehlen. Sie erfuhren Misserfolge und tiefe Enttäuschungen. Unmerklich wandelten sie sich dabei. Ihr Gang verlor das Unbeschwerte, ihre Mienen wurden fester, ihre Ausdrucksweise selbstbewusster.

Auch war einer von den dreien nicht mehr dabei, und das Paar blieb beisammen, um die Straße des Lebens gemeinsam hinunterzuwandern – bis zum Ende hin.

Es ist Hochmittag, und unser Paar schreitet uns entgegen. Eine besonnte Art von Glück liegt auf ihren Gesichtern, wie es frohschaffende Menschen besitzen. Nur Leistungswille lässt in uns Fähigkeiten und Kräfte entfalten, und dem redlich Schaffenden ist noch immer die Güte seiner Arbeit wichtiger als deren bloße Nutznießung.

Genuss macht bequem, matt und stumpf, und Bequemlichkeit fördert einen Sog, in dem man arrogant und untüchtig wird.

Wir wissen, dass der Mensch sich auf Erden seine soziale Welt selber schaffen muss, und diese kann nie besser sein als er selbst. Wollen wir daher unsere Welt zum Guten gestalten, so müssen erst w i r uns wandeln, muss die Redlichkeit erst in uns Gestalt gewonnen haben.

Wir sind strebend bemüht, Persönlichkeiten heranreifen zu lassen. Freimaurerische Arbeit entspricht der eines Bildhauers. An dem Steinblock – nennen wir ihn Mensch – wahrhaftig und sorgfältig den Meißel ansetzen, um die Persönlichkeit immer deutlicher hervortreten zu lassen. Freimaurer sprechen „von der Arbeit am rauhen Stein".

Der Mensch soll zur in ihm veranlagten Reife gelangen. Er soll befreit werden vom einspannenden Netz des Egoismus, der Begehrlichkeit und des nur materiell ausgerichteten Denkens.

Wie arm und schwach sind doch diejenigen, die das so kurze Menschenleben damit vertun, dass sie unbedingt reich und mächtig und angesehen werden wollen!

In einem Menschenantlitz spiegelt sich wider, ob ein Mensch mit Winkelmaß und Zirkel, mit Messlatte und Meißel bei der Arbeit war. Oftmals ist gleichsam eine QUALITAS HUMANA wahrzunehmen, wie wir sie jetzt bei unserem Paar erkennen, das sich trotz aller Bedrängnisse sein „Ja" zu diesem Leben bewahrt hat.

> Wenn wir uns redlich plagen,
> sind wir am Abend da.

Das war das Losungswort, unter das sie ihr Leben gestellt hatten. Denn ein Mensch vermag weit mehr durch seine würdige Haltung über sich hinauszuwachsen als durch Einfluss und Vermögen.

Diese Welt ist immer Gabe und Aufgabe zugleich. Uns wird etwas anvertraut. Nicht ausbeuten, wie es heute an der Tagesordnung ist, sondern Bewahren des uns Anvertrauten. Davon wird schon in der biblischen Schöpfungsgeschichte gesprochen. Es sind die selbstlos verrichteten guten Taten, die die Welt erhalten, nicht die, die einer nur für sich selber tut. Belohnung muss sein, aber wir wollen nicht allein des Lohnes wegen wirken, sondern wir wollen das Gute wirken, weil es das Gute ist.

Zufriedenheit ist ja so unendlich viel mehr als Bezahlung! Eine solche Haltung verrät menschliche Noblesse, und das ist die Gesinnung, nach der überall Ausschau gehalten wird. Es gibt so viele Mitmenschen, die suchend umherirren nach Menschen, an deren Verhalten sie sich orientieren können.

Rechte Wegweisung ist gefragt!

Diese Gesinnung möchte ich mit der Gotik vergleichen. Diese Epoche des Hoch- und Spätmittelalters war nicht auf ein bestimmtes Land festgelegt, sondern wir begegnen der Gotik in ganz Europa. Nirgendwo hatte es diese Baukunst zuvor gegeben; sie war plötzlich da, und man baute aus dem Bewusstsein eigener Kraft. Glaubenskühnheit drängte in diese Bauformen, und so schossen die Dome kühn in den Himmel, kraftvoll in sich und ausgewogen und zur Verherrlichung des ewigen Gottes. Bauwerke, die dem Menschen dienen sollten, damit der Kontakt zum Ewigen nicht aufhöre.

Welche emporstrebenden Linien! Welch ein Höhenflug des Geistes! Weisheit, Stärke und Schönheit: steingewordene Liturgie!

Und wir bewundern die Kathedralen in Amiens, Chartres, Reims und Beauvais, den Kölner Dom, das Ulmer Münster, die Bauwerke in Salisbury, Cambridge und Canterbury.

Das ist der Hochmittag des Lebens, wo die Vernunft, das Gefühl, wo Wille und Zucht und der kühn ins Jenseits greifende Glaube sich am stärksten dartun.

Wenn wir uns redlich plagen ...

Und sie haben sich redlich geplagt, unsere beiden, deren Schritte langsamer geworden sind. Wissend schauen sie sich an. Immer haben sie alles gemeinsam durchgestanden, und oft war es schwer gewesen, und es hatte an ihnen gezerrt und gezogen.

So wurden sie zu zwei reifen Kameraden, die man gut um Rat fragen kann, und die noch immer die Verzagten ermutigen und die Ungestümen zu bändigen vermögen. Ihre Liebe hat sich gewandelt, ist umfassender, über den Partner hinausgreifend geworden.

Sie sind schon lange unterwegs, und wer unterwegs ist, der braucht ein Ziel. Das haben sie immer gehabt. Keins in weiter Ferne. Es lautete „Redlich bis zum Abend“. Aber wer unterwegs ist, der braucht auch Rast und Stille, Besinnung und Weisung.

Es ist Aufgabe der Freimaurerei, in den Tempelstunden Rast und Einkehr und neue Zuversicht zu gewinnen. Und bei einer solchen Rast befinden wir uns auch in diesem Augenblick, denn auch wir wandern, wandern bis zum Abend hin.

Unser Paar besaß eine Ordnung für sein Leben, und je fester sie sich daran hielten, desto besser verstanden sie sich, und um sie entwickelte sich unmerklich ein Bereich des Wunders.

Gleichsam ein Kraftfeld, und wer es mit den beiden zu tun hatte, in dem wuchs bald das Vertrauen zu ihnen, und Vertrauen ist das unabdingbare Fundament jeder Freundschaft.

Und wenn wir sie fragen, wie denn das Leben war, dann antworten sie:

> „Es war oft schwer, und manchmal krachte bei uns auch die Tür ins Schloss. Aber einer von uns war dann immer da, der sie leise einen Spalt wieder öffnete, damit der andere wieder herein konnte. Und so ist alles gut geworden."

Ein Priester opfert. Durch sein Gebet und seinen Gehorsam opfert er gleichsam sich selbst. Menschen, die sich immer redlich plagen, sich in Treue und Liebe um andere mühen, die immer bereit sind, anderen Freundlichkeit zu erweisen, die sind solche priesterlichen Menschen, denen zu begegnen so wohl tut.

Ach, es sind wirklich nur die guten Taten, die diese Welt erhalten!

In Menschen wie unserem Paar entsteht beizeiten eine Sehnsucht. *Rilke* hat das so ausgedrückt:

> Gott, du bist groß – du bist so dunkel.
> Meine kleine Helle an deinem Saum hat keinen Sinn.
> Dein Wille geht wie eine Welle,
> und jeder Tag ertrinkt darin.
> Nur meine Sehnsucht ragt dir bis zum Kinn
> und steht vor dir wie aller Engel größter -
> ein fremder, bleicher und noch unerlöster -
> und hält dir seine Flügel hin.

Das ist dann die Sehnsucht nach dem endlichen Zuhause: Bleich und unerlöst spannt sie sich dem Unbekannten entgegen, auf dass der Große Meister sich finden lasse, damit die Sehnsucht gestillt werde.

Am Abend, die Sonne geht unter, und die längste Strecke des Weges liegt hinter den beiden, die nun langsam, ja, auch mühsam dahinziehen. Sie haben sich redlich geplagt, haben in guten und in schlechten Tagen wacker zueinander gehalten, und nun scheint ihnen die Abendsonne ins Gesicht, denn ihr Weg geht an seinen Ausgang zurück.

Sie wissen es beide, dass sie auch manche nicht gute Sache betrieben haben, die erbärmlich ausgegangen war. Aber sie haben eine Lehre daraus gezogen, und dazu ist auch hohes Alter noch gut, eine Lehre, die eben nur Niederlagen bieten können: Erkenne, wovon du gewichen bist und finde zurück auf den rechten Weg.

Abende verheißen viel. Nebel erfüllt wieder die Luft. Ein blasser rötlicher Streifen zeichnet den Horizont. Dann ist da ein leises Rauschen in den Bäumen und Büschen. Wind kommt auf, der Nebel wird fortgeschoben, und plötzlich zeigt sich ein anderes Bild: Die Nacht steht bevor.

Wir meinen, das endliche Ziel zu ahnen und klagen nicht über die letzte Wegstrecke. Ein Gedanke an Kälte und Finsternis kann uns nicht bezwingen, denn wir glauben an das Licht, glauben an den Sinn allen Lebens und an dessen Fortdauer. Darum trotzen wir allem, was uns ängstigen will, ja, wir haben sogar Trost für andere: Glaubt an das Licht, habt Zuversicht und plagt euch redlich ... bis zum Abend hin.

Dann senkt sich über alle Niederungen und Verkehrtheiten des Lebens endlich doch das Verstehen und das Verzeihen, und das ist dann der Lohn für gute Wegfahrt.

Darum suchen danach auch alle, die auf rechtem Weg sind: Im biblischen Gleichnis der reiche Kaufmann, der alles drangab und suchend die Welt durchzog, um die köstliche Perle „Frieden“ zu finden.

Es suchte ihn Parzival, obgleich das Frageverbot ihm den Mund versiegelte. Und *Goethe* suchte ihn, obgleich die Menschheit ihn als einen glücklichen Finder preist.

Und auch wir suchen ihn – und unsere beiden Wanderer haben ihn gesucht. So ist es denn Zeit, dass wir die Rosen bereithalten, denn die Kerzen sind am Verlöschen.

Freunde des Lichts im Westen und im Osten! Lasst uns einander helfen, aus unserer Erde eine glückliche Heimat der Zufriedenheit und des Friedens zu machen! Unsere Straße, Seite an Seite mit dir, meine Schwester, alles waren nur Stufen, wie sie uns vorgegeben sind, um zur Reife zu gelangen.

Und wir kommen zu immer größerer Klarheit. Wohin? Vielleicht wissen es die Seligen, die einmal auf unserer Straße wanderten und schon daheim sind.

Und unsere beiden sind am Ziel. Aus Weisheit, Stärke und Schönheit wurde Glaube, Hoffnung und Liebe, aber die Liebe ist die größte unter ihnen.

Waren wir Fels oder fließendes Wasser, waren wir Blume oder fruchtloser Sand, alles im Leben hat seinen Sinn und fördert den Weg zur Erfüllung. Und wir erblicken die Tage des Frühlings wie die im Advent, und auf einmal ergreift uns die gleiche Unruhe wie damals, als wir gemeinsam aufbrachen.

Du und ich, wir wanderten auf dieser Straße, ich und du, liebste Frau, den Schönheiten des ewigen Morgens entgegen. Einst begegneten wir einander, erlebten die Flammen der

Liebe, dann zittert uns in den Händen ein Licht und dieses Licht ist Dank und Dank und Dank.

Ist das nicht genug?

Wir träumten voneinander
und sind davon erwacht;
wir leben, um uns zu lieben,
und sinken zurück in die Nacht.

Du tratest aus meinem Traume,
aus deinem ich hervor,
wir sterben, wenn sich eines
im anderen ganz verlor.

Auf einer Lilie zittern zwei Tropfen,
rein und rund,
zerfließen in eins und rinnen
hinab in des Kelches Grund.

Und wir schauen zurück auf jene Straße, dorthin, wo so viele wandern, wo auch wir noch auf dem Wege sind, du, meine Schwester, und ich.

Ich liebe dich, so wie du mich,
am Abend und am Morgen.

Noch war kein Tag, wo du und ich
nicht teilten unsre Sorgen.

Drum Gottes Segen über Dir,
du meines Herzens Freude.

Gott schütze und erhalt dich mir,
erhalt, erhalt uns beide.

Freimaurerei – eine wunderbare Kunst

Die Musik ist verklungen. Ein Mensch – *Wolfgang Amadeus Mozart* – trug sie in sich, und sie wurde in ihm immer lebendiger, bis er sie schließlich zum Ausdruck bringen musste und er – getrieben von dem, was in ihm war – endlich die Noten niederschrieb. Jeder Geburtsvorgang hat seine Dauer.

Andere spielten dann die Musik nach Mozarts Noten. Die Zuhörer hatten die Musik in sich aufgenommen, hatten dabei etwas Unsagbares erlebt und gaben dann auf ihre Weise etwas von dieser Musik weiter. Sie spielten, sangen oder pfiffen die Melodien.

Obwohl doch die Musik rational durch das Notenwerk -die Partitur – erfasst werden kann, bleibt doch ein nicht fassbares Wunder, das immer von einem Geheimnis umgeben sein wird. Musik ist immer zugleich auch Wunder, das den Zuhörer ergreift, packt, nimmt – und ihn dann mit irgendetwas entlässt.

Das ist bei der Musik so, bei der Malerei, auch bei der Lyrik. Und es ist so bei der Freimaurerei, die sich ebenfalls als Kunst versteht, als eine Lebenskunst.

Auf welche Weise vollzieht sich nun das Erlernen unserer Königlichen Kunst?

Nach überliefertem Brauchtum sammeln sich die Freimaurer in gegen die profane Welt abgegrenzten Räumen, um dem überall in den Logen gleichen – fast gleichen – rituellen Ablauf zu folgen und um mit den alten Symbolen konfrontiert zu werden. Alles, was dabei geschieht, ist rational erfassbar – wie bei den Noten –, und doch ist es weit mehr.

Der Zuhörer, wie der in seinem Innern ebenso beteiligte Zuschauer, erlebt in oft nur ahnungsvoller Weise, was sich ihm darbietet. Wie bei der Musik.

Ein Satz von *Shakespeare* soll das verdeutlichen: Da wandert ein Mann durch die Mondnacht. Wenn er nicht ein beliebiger, sondern ein besonderer ist, eben jener *Shakespeare*, dann sagt er anderntags nicht vergebliche Worte, sondern acht wesentliche:

„Wie süß das Mondlicht auf den Hügeln schläft."

Was ist da geschehen? Da hat einer ein Wunder vermocht. In keinem der acht Wörter regt sich – jedes für sich betrachtet – auch nur eine Spur von Leben. Aber in dieser – eben nur in dieser – Reihenfolge erwachen sie zu einer Bewegung voller Musik.

Das Verhalten einer Kugel kann man berechnen, weil sie tot ist. Das Verhalten einer winzigen Amöbe nicht, weil sie lebt. Das Tote ist berechenbar, vom Verstand zu erfassen, das Lebendige nicht, weil es sich unserem Zugriff entzieht. Oder zugespitzt gesagt: Wenn ich etwas berechne, etwas ganz verstehe, dann töte ich es gleichsam, weil es keinen Eigenspielraum, keinen Bereich mehr für das Leben besitzt. Das definierende Wort, das zugleich isolierende, besitzt etwas Trennendes, etwas Totes an sich. So staunenswerte Leistungen daher die Wissenschaft hervorbringt, nie wird es ihr gelingen, das lebendige Dasein zu begreifen, weil es von einem Wunder umgeben ist.

Keines der genannten einzelnen Wörter *Shakespeares* lebt, aber die dichterische Abfolge der Worte hat die Alltagswirklichkeit verwandelt und in der Verwandlung zugleich erhöht und eine lebendige Wirklichkeit werden lassen. Wie bei der Musik, wie im freimaurerischen Ritualablauf.

„Wie süß das Mondlicht auf den Hügeln schläft"

– das lebt und schimmert, ist zauberhaft vorhanden. Auf einmal stellen diese acht Wörter unendlich viel mehr dar als bloße Worte. Sie sagen in ihrer Gebundenheit etwas Unsagbares – wie beim Schlingen unserer Bruderkette. Süß hat ja nichts mit süßlich zu tun, Mondlicht nichts mit dem Licht des Mondes, Hügel nichts mit einer Erdanhebung und schläft schon gar nichts mit Ausschlafen. Eine Doppelwertigkeit zum Leben wie zum Toten wirkt sich aus.

Aber bei diesem Beispiel besitzt das Leben die Macht, und in dieser einen Zeile erweckt ein Wort das andere zum Leben. Wie bei der Musik sich Note an Note hin zur Melodie reiht. Übertragen auf unsere freimaurerische Kunst geschieht bei jeder Logenarbeit dasselbe, nämlich die Überführung des nur rational erfassten, in sich toten Wortes in die zeichenhafte Verständlichkeit auf einer höheren Ebene, der des Symbolischen. Und somit dient – wie bei der Musik – jede freimaurerische Arbeit der Erhellung und Harmonisierung.

Wir Freimaurer bedienen uns neben unseren sinnbildlichen Handlungen vor allem des Wortes, des rituell festgelegten Wortes, das kein Daran-herumbasteln duldet. Woher stammt das Wort?

Gleichnishaft schildert der Dichter der biblischen Schöpfungsgeschichte, wo der Ursprung des Wortes liegt, heißt es doch: „Und Gott sprach ..." Von daher besitzt das so arg missbrauchte Wort seine Würde.

Die Schöpfung geschah durch das Wort. Und Gott sprach: „Es werde Licht, und es ward Licht."

Ein Abglanz davon – nicht mehr als ein Abglanz, aber auch nicht weniger – liegt noch auf jedem Wort, mit dem ein Mann sich um Wahrheit und Harmonie müht.

Die Stätte, wo diese Kunst auf ihre eigene Weise vermittelt wird, heißt Loge, aus dem Englischen übernommen und eigentlich Baubude, Bauhütte heißt.

Wie in der Musik jede Note rational erfassbar, wie jeder Satz rational überprüfbar ist, so steht es auch mit der Arbeit der Maurer. Erst die Aneinanderreihung der Noten in bestimmter Abfolge, deren Betonung und Dauer ergeben, was wir Musik nennen. Und je klarer und nachempfindsamer die Melodie ist, es treibt den Menschen, sie immer wieder zu hören, selber zu spielen und sie auf andere zu übertragen.

Und so ist es auch mit unserer rituellen Arbeit.

Erst die Reihung der Worte zu einem rituellen Bild machen aus rational erfassbaren Wörtern Sätze voller Leben und Bedeutung, voller Erlebniskraft, und der eifrige Maurer nimmt mehr und immer mehr davon in sich auf, und unmerklich wird das „In-sich-aufgenommene" zur Regulative seines Denkens und Handelns. Die rituelle Form – gleichzusetzen mit der Partitur –, der wir uns immer wieder freiwillig unterordnen, bewahrt uns zugleich vor unfruchtbarer Innerlichkeit.

Aber was ereignet sich denn in jeder rechten Tempelarbeit?

Der mit dem Herzen Beteiligte wird von seiner Alltagsumwelt abgezogen und unmerklich auf sich selbst gewiesen. Und das auf eine Weise, dass er erkennt, dass die Besserung dieser Welt bei der inneren Wandlung des Einzelnen ihren

Anfang nimmt. Keine Forderung an die Umwelt, sie möge sich bessern, sondern der Bruder Freimaurer allein ist es, der mit der Wandlung beginnt. Und jede Wandlung beginnt mit der Selbsterkenntnis.

Unsere behutsame Methode überlässt es dem Einzelnen, wie schnell, wann und wie intensiv diese Selbsterkenntnis zur Wandlung betrieben wird. Immer steht die Freimaurerei auch im Geiste der jeweiligen Zeit.

Loge ist eine Gesinnungsgemeinschaft, und der ihr durch das Ritual eingegebene Wille zur Form bewahrt sie vor unfruchtbarer Innerlichkeit. Durch die Verwendung von Allegorie, Symbol und rituellem Brauch zur Darstellung der freimaurerischen Idee ist unser Bund geschützt vor der allen anderen Gemeinschaften innewohnenden Gefahr, ihre Ziele allein in der Form von Satzungs- und Gesetzestexten und Dogmen zu fassen.

Natürlich haben auch wir Freimaurer unsere Verfassung. Die der Alten Freien und Angenommenen Maurer von Deutschland sagt in ihrem 2. Artikel, dass Freimaurer in bruderschaftlichen Formen und durch überkommene rituelle Handlungen Vervollkommnung erstreben. In Achtung vor der Würde jedes Menschen treten sie ein für die freie Entfaltung der Persönlichkeit und für Brüderlichkeit, Toleranz und Hilfsbereitschaft und die Erziehung hierzu.

Denselben Zweck verfolgen zwar auch auf direktem Wege die Kirchen und auf indirektem der Staat, jedenfalls nach seiner höheren Bestimmung. Neben beiden hat die Freimaurerei ihre besondere Berechtigung, da sie einesteils weder den Wirkungskreis von Staat und Kirche beeinträchtigt, andernteils jenen Zweck mit solchen Mitteln zu erreichen strebt, die weder den Kirchen noch dem Staat zueigen sind.

Lessing nennt die Idee des Freimaurertums eine erhabene und führt in seinem zweiten Gespräch für Freimaurer aus:

> „Die Staaten vereinigen die Menschen, damit durch diese und in dieser Vereinigung jeder einzelne Mensch seinen Teil von Glückseligkeit desto besser und sicherer genießen könne.
> Aber selbst bei der besten Staatsverfassung würden in der bürgerlichen Gesellschaft verschiedene Nationen [er meint Volksgruppen], verschiedene Religionen bestehen. Die bürgerliche Gesellschaft kann die Menschen nicht vereinigen, ohne sie zu trennen, – nicht trennen, ohne Klüfte zwischen ihnen zu befestigen. Jenen Trennungen muss aber entgegengewirkt werden: daher ist es sehr zu wünschen, dass es in jedem Staate Männer geben möge, die über die Vorurteile der Völker hinweg wären und genau wüssten, wo Patriotismus aufhört eine Tugend zu sein. Die auch dem Vorurteil ihrer angeborenen Religion nicht unterliegen, die auch nicht glauben, dass alles gut und wahr sein müsse, was sie selbst für gut und wahr erkennen. Die durch bürgerliche Hoheit nicht geblendet werden, und welche bürgerliche Geringfügigkeit nicht ekelt, in deren Gesellschaft sich der Hohe herablässt und der Geringe sich erhebt."

Am Schluss lässt Lessing dann seinen Falk fragen:

> „Wie, wenn es die Freimaurer wären, die es sich zu ihrem Geschäft gemacht hätten, jene Trennungen, wodurch die Menschen einander so fremd werden, so eng als möglich wieder zusammenzuziehen?"

Wie bei der Musik, die auch Getrenntes vereint. Schauen wir noch einmal in unsere Großlogen-Verfassung, wo es in Artikel 4 heißt:

„Die Freimaurer nehmen in ihre Bruderschaft ohne Ansehen des religiösen Bekenntnisses, der Rasse, der Staatsangehörigkeit, der politischen Überzeugung und des Standes freie Männer von gutem Ruf als ordentliche Mitglieder auf, wenn sie sich verpflichten, für die Ziele der Freimaurer zu arbeiten und in den Gemeinschaften, in denen sie leben, als Freimaurer zu wirken."

Es hat sich also seit *Lessing* nichts an Aufgabe und Ziel geändert. Je intensiver ein Freimaurer in seiner Loge mitarbeitet, desto mehr dringen die Grundsätze unseres Bundes in sein Unterbewusstsein und werden immer stärker zum Regulativ seines Denkens und Handelns.

Trotz allem gegenteiligen Geunke ist es uns wohl noch nie besser gegangen als heute, ja, trotz allem Herausposaunen einer drohenden Krise.

Gleichwohl, vieles ist dem Missbrauch offen, und wir müssen feststellen, dass es einen Zusammenbruch alter Wertvorstellungen gab und weithin neue ethische Normen fehlen. Daher ist jeder Bruder aufgerufen, durch sein ganz persönliches Verhalten Richtzeichen zu setzen, an denen unsere Mitmenschen sich orientieren können. Und wir Freimaurer sind auch aufgerufen, Definitionen neuer gesellschaftlicher Wertinhalte zu finden. Der Mensch muss davon befreit werden, dass er nur ein Funktionsträger ist; er muss wieder zu seinem Maß finden:

- Wir brauchen Gewissensresultate, die aber nicht in der Ideologie ihre Grundlage haben.
- Wir brauchen die Freiheit als Voraussetzung der Menschenwürde und die Bindungen, welche die Freiheit schützen.
- Wir brauchen den Anstand, der den auswuchernden Trieben Grenzen setzt.

- Wir brauchen die brüderliche Gebundenheit in der Verpflichtung des Einzelnen gegenüber dem Anderen.

Es gibt keinen Grund, an dieser Welt zu verzweifeln, wenn wir uns zu unseren Werten bekennen, und unser maurerisches Selbstverständnis trachtet bei jedem Bruder nach Realisierung.

Es mögen Logen vergehen, sich ihre Arbeitsweise ändern, freimaurerische Systeme mögen verblassen, Zeitprobleme mögen an der Tür zur Freimaurerei rütteln:

Immer werden sich Männer finden, die sich als Brüder zusammenschließen, eine Loge bilden, um eben dieses Freimaurertums willen, dessen verbindliche Bestimmung es ist, auf tolerantes Zusammenleben aller, auf die Besserung des Menschen und seiner Verhältnisse und auf die Schärfung der Selbsterkenntnis abzuzielen.

Lessing konnte daher sagen: „Freimaurerei war immer", und hat er damit nicht zugleich gesagt, dass sie immer sein werde?

Der sittliche, seinem Mitmenschen gegenüber verantwortliche Mann wird immer derjenige sein, der sich auf die Bedrängnisse der jeweiligen Wirklichkeit einlässt, der sich um des Glückes anderer willen riskiert – und das ohne eine auszeichnende Bürgschaft einer jenseitigen Instanz – und im diesseitigen Handeln erst zur Verwirklichung dessen kommt, was er sein kann: Ein wahrer Mensch!

Lessing fragte: „Wie, wenn das ein Freimaurer wäre?" Ein Freimaurer, der dem WAS einer Handlung stets das WIE vorordnet, den nicht sein Beruf auszeichnet, sondern wie er ihn ausübt. Der selbst die banalste Alltagshandlung dadurch auszeichnet, dass er sie in ständiger Verantwortungsbereitschaft verrichtet.

Nötig ist, in uns und aus uns heraus eine Wertordnung zu postulieren, die für uns und unsere Umwelt Integrationskraft besitzt. Der aufgeklärte, mündige Mensch ist im Gegensatz zur heute oft anzutreffenden Meinung nicht der Mensch, der ungehemmt bejaht, auslebt und persönlichem Erfolg schrankenlos nachjagt, sondern der Mensch, der diese seine Bedürfnisse nach einem Modell ordnet – und das ist für uns genau unsere Freimaurerei.

Wie sagte *Thomas von Aquin*: „Des Weisen Amt heißt ordnen." Dieses Ordnungsprinzip entnehmen wir nicht einem religiösen Dogma, einem unumstößlichen Lehrsatz, noch einer parteipolitischen Ideologie, sondern allein jenem mit der Musik in Vergleich gesetzten Ritual. Wir sind aber nicht Freimaurer, um allein u n s e r e n Persönlichkeitswert zu steigern, sondern um der G e s e l l s c h a f t nützlich zu sein, was doch wohl „Bauen am Tempel der Humanität" bedeutet.

Die Freunde des Friedens und der Freiheit machen sich recht wenig Sorgen um die Aufbereitung der inneren Kräfte des Menschen. Dieses ungenutzte Potential wird nur Einzelnen überlassen und den Verantwortlichen der Staaten steht ein zunehmendes Misstrauen gegenüber, weil meist nur danach geschielt wird, was Wählerstimmen einbringt, wie andererseits nur Gier zu herrschen scheint, um Macht und Vermögen zu mehren. Den Ausfall an Mitdenken und Mitverantworten, dieses immer größer werdende Vakuum, gilt es mit der Kraft des Freimaurertums zu füllen.

Das allegorische Spiel das wir Freimaurer nach unseren Ritualen betreiben, durch welche die Kunst des Miteinander und Füreinander erlernt und geimpft wird, hat gerade für die kommende Zeit eine immense Bedeutung – und es wird für alle Zeit seine Bedeutung behalten.

Wohl allen, die an dem Wirken der Freimaurer teilhaben! Und gesegnet sei solches Wirken auch in künftiger Zeit.

Ich begann mit der Musik – ich ende damit. *Hermann Hesse* drückte es mit seinem Gedicht MIT EINER EINTRITTSKARTE ZUR ZAUBERFLÖTE so aus:

So werd ich dich noch einmal wieder hören,
geliebteste Musik,
und bei den Weih'n des lichten Tempels,
den Bruderchören,
beim holden Flötenspiel zu Gaste sein.

So viele Male und so viele Jahre
hab ich auf dieses Spiel mich tief gefreut
und das Gelübde still in mir erneut,
das mich als Glied in eure Kette bindet:

Morgenlandfahrer im uralten Bund,
der nirgends Heimat hat im Erdenrund,
doch immer neu geheime Diener findet.

Freimaurerei – eine Universalreligion?

Im Internationalen Freimaurerlexikon von *Lennhoff/Posner* ist zu lesen: „Aus der ganzen Entwicklung der Freimaurerei geht als allgemeingültig hervor:

1) Die Freimaurerei selbst ist keine Religion.
2) Sie ist nicht religionsfeindlich.
3) Sie ist nicht atheistisch eingestellt.
4) Sie ist ein Boden für alle Glaubensbekenntnisse.“

In der Dokumentation 10/80 vom 12.05.1980 der Erklärung der Deutschen Bischofskonferenz heißt es:

> „Die von der Kirche zumal im II. Vaticanum geforderte richtig verstandene Freiheit des Menschen im privaten, religiösen und öffentlichen Leben ergab eine Gesprächsbasis mit der Freimaurerei, sofern sie sich in ihrer humanitären Haltung für die menschliche Freiheit verpflichtet fühlt. Ähnliches ist bezüglich des Eintretens für die Menschenrechte zu sagen ...
> In unserer nüchternen Zeit suchen manche Menschen eine gewisse Erfüllung sonst unbefriedigter Bedürfnisse. In der Katholischen Kirche haben Symbole und Riten ihren angestammten Platz.
> Von hieraus wird darum ein Berührungspunkt und eine Verständnisbasis vermutet.“

Doch dann heißt es im Ergebnis der Gespräche der Deutschen Bischofskonferenz:

> „Die Freimaurerei hat sich in ihrem Wesen nicht gewandelt. Eine Zugehörigkeit stellt die Grundlagen der christlichen Existenz in Frage Die gleichzeitige Zugehörigkeit zur Katholischen Kirche und zur Freimaurerei ist ausgeschlossen."

Der Großvater unseres Alt-Großmeisters *Klaus Horneffer*, der Philosoph Br. *Ernst Horneffer*, sagte auf einem internationalen Kongress zu Paris im Jahre 1911:

> „Die dogmatischen Religionen sind zusammengebrochen. Ihre Schwäche war das Dogma. Die Freimaurerei als die beste Universalreligion muss die bisherigen Konfessionen ersetzen."

Und in einer seiner Logrenreden zu Weimar sagte *Goethe*:

> „Unser Bund soll das Innere seiner Jünger ohne Beziehung auf eine bestimmte Religion religiös entwickeln. Die Pflege des reinen Menschentums – der Humanität und Bruderliebe – frei von allen Vorurteilen der Rasse, des Standes und einer allein seligmachenden Religion, das ist die Aufgabe der Freimaurer."

Heute stehen wir vor einer Situation, deren wissenschaftlicher Erkenntnisstand Auswirkungen auf die Freimaurerei haben wird. Das Einsparen der Kirchensteuer war nur zum geringen Teil Anstoß für die Kirchenaustrittsbewegung. Längst ist die Schar der Gläubigen verunsichert, denn die abstrakt geführten theologischen Debatten erreichen nicht mehr das religiöse Leben des einzelnen Menschen, und die Dogmen werden mehr und mehr unglaubwürdig. Immer weniger Menschen sind bereit, diese zu akzeptieren. Und für immer weniger Menschen in unserem Kirchentum ist es von Bedeutung, dass durch den gekreuzigten Jesus Christus die Versöhnung mit Gott herbeigeführt wurde.

Auf der anderen Seite macht man sich in Kardinalskollegien und Bischofskonferenzen Gedanken über den Zölibat, über Pillen und Kondome; und in evangelischen Synoden ist die gottesdienstliche Einsegnung von homosexuellen und lesbischen Paaren heftigen Streit unter den Teilnehmern wert.

Aber über diese Dinge weit hinaus vollzieht sich in unserem religiösen Umfeld etwas von ungeheuer nachhaltiger Auswirkung, denn die Kirchen haben weithin ihren Kurs verloren. Wo wird allen Ernstes der Missionsbefehl Christi befolgt, Mitmenschen zur Seligkeit vor und aus Gott zu bringen? Ich will nicht verallgemeinern, doch die Mehrheit empfindet unbewusst einen Substanzverlust der Kirchen. Dass man auch Fernstehende für Gott zu gewinnen trachtet, wird kaum erwogen.

Eine totale religiöse Entfremdung aber bedeutet für jedes Volk Verfall von Sitte, Ehre und Moral, von Pflichtbewusstsein und Zuverlässigkeit, Nächstenliebe und Solidarität. Und fehlende Demut vor Gott treibt Gier und Selbstsucht voran. Daher müssen Freimaurer mit einer ganz neuen Aufmerksamkeit den Aussagen ihres Rituals begegnen, wie sie ebenso gerade auf die Menschen zugehen müssen, die enttäuscht Abschied genommen haben von einer für sie verkarsteten Kirche.

Freimaurer sind doch stets der Gesellschaft verpflichtet, und von daher ergibt sich nur sie eine ganz neue Aufgabe. Waren die Bauhütten noch kircheneingebunden, schließlich lagen ihre Wurzeln in den Orden der Benediktiner und Zisterzienser, so waren die Logen der Freimaurer dann Quellstuben der Aufklärung. Wir haben uns daher ernsthaft zu überlegen, wie wir die neue auf uns zukommende Wende, bewältigen. Wohl sind die Probleme für uns auch dadurch zu meistem, dass wir uns in unseren rituellen Arbeiten bemühen, den religiösen Gehalt der rituellen Aussagen zu vertiefen.

Die Absicht der Freimaurerei, dass die Menschen sich besser verstehen und mit Geduld und Achtung dem anderen gegenüber eine Verbrüderung anstreben, gewinnt auf einmal eine überraschende Dimension.

Hören wir auf die Worte des *Sarastro* in der ZAUBERFLÖTE:

> „Und ist ein Mensch gefallen, führt Liebe ihn zur Pflicht!"

Nicht Abwendung, nicht Verurteilung des verirrten Mitmenschen, sondern Liebe üben!

Ich wende mich dem Dialog mit der vom Vatikan entsandten Kommission zu. 1967 traf der Prälat *Johannes de Thot* bei unserem Altgroßmeister *Theodor Vogel* in Schweinfurt ein mit der Frage, ob die deutschen Freimaurer bereit seien, mit der Katholischen Kirche in einen offiziellen Dialog einzutreten. Die Frage wurde an den zuständigen SENAT DER VEREINIGTEN GROSSLOGEN weitergeleitet, der die Brüder *Theodor Vogel, Ernst Walter* und *Rolf Appel*, sowie als Berater in historischen Fragen den Würzburger Bruder *Karl Hoede* bestimmte.

Unsere Dialogpartner waren – bestimmt vom Kardinal *König* – der Kirchenrechtler *Prof. Schwarzbauer*, der Kirchenhistoriker *Prof. Wodka*, der Theologe *Prof. Vorgrimler* und genannter Prälat.

Dieser sich über Jahre hinziehende Dialog fand seinen Abschluss in der gemeinsamen LICHTENAUER ERKLÄRUNG. Der Papst selber hatte um ein Papier gebeten, in dem die gegenseitigen Beziehungen in der Vergangenheit, in der Gegenwart und für die Zukunft dargestellt sind, und – darauf lege er Wert – dass dieses Papier von allen Dialogteilnehmern unterschrieben werde.

Dieses wurde dann von *Kardinal König* persönlich dem Papst überbracht, die Glaubenskongregation, die höchste kirchliche Behörde, akzeptierte den Inhalt der Erklärung, und er wurde zur Grundlage des neuen Kirchenrechts, des CODEX JURIS CANONICI in dem von Exkommunikation und Freimaurerverfolgung keine Rede mehr ist.

Lediglich dem späteren Präfekten der Glaubenskongregation, dem damaligen *Kardinal Ratzinger*, sollte es dann – gemäß seinen Vorvätern aus der Inquisitionszeit – vorbehalten sein zu behaupten, die Änderung des Kirchenrechts sei bezüglich der Freimaurerei nur rein redaktionell. Grundsätzlich seien die Freimaurer „der Verdammung und des höllischen Feuers schuldig".

Ein mehrjähriger Dialog mit der Deutschen Bischofskonferenz schloss sich an. Zu unserer Überraschung veröffentlichten die Bischöfe eine unerwartete Unvereinbarkeitserklärung, die allerdings nur für Deutschland, nicht dagegen für die Schweiz, Österreich und Luxemburg Gültigkeit besitzt.

Es war nämlich verabredet worden, dass man sich die abschließenden Stellungnahmen gegenseitig zuleitet, damit Ungereimtheiten vermieden werden. Daran haben sich die Herren der Deutschen Bischofskonferenz nicht gehalten; es waren Bischof *Stimpfle* und die Herren *Adomar Scheuermann*, *Byser* und *Liball*.

In der offiziellen Verlautbarung aus Rom dagegen hieß es:

> „Die Freimaurer haben keine gemeinsame Gottesvorstellung, denn die Freimaurerei ist keine Religion und lehrt keine Religion. Freimaurer huldigen der Gewissens-, Glaubens- und Geistesfreiheit und verwerfen jeden Zwang."

Wie richtig! Und beide Dialogparteien hatten festgestellt:

> „Wir sind der Auffassung, dass die päpstlichen Bannflüche und Bullen, die sich mit den Freimaurern befassten, nur noch geschichtliche Bedeutung haben und nicht mehr in unserer Zeit stehen."

Wie anders dagegen die Verlautbarung des damaligen *Kardinals Ratzinger*, dem späteren *Papst Benedictus XVI.* Die Glaubenskongregation erließ dann eine Erklärung, von der man nicht genau weiß, ob diese sich gegen die Bischofskonferenzen der Staaten richtet, die die Mitgliedschaft in Freimaurerlogen erlauben, oder gegen die Deutsche Bischofskonferenz, die sich erlaubt hatte, ein Gesamturteil ab zugeben, das sich der Vatikan ausdrücklich vorbehalten hatte.

Es ist bekannt, dass die Päpste seit dem Jahre 1738 immer wieder die Freimaurer verurteilt, einmal die Freimaurerei sogar als SYNAGOGE DES SATANS bezeichnet und damit – sicher ungewollt – dem Nationalsozialismus die Kampfparole gegen Juden und Freimaurer geliefert haben.

Eine Wende trat erst mit *Papst Johannes XXIII.* ein, der das II. VATICANUM einberief, dessen wesentliche Richtlinien ich wiedergebe:

> „Das Gewissen ist die verborgenste Mitte und das Heiligste im Menschen, wo er allein ist mit Gott, dessen Stimme in seinem Innersten zu hören ist; im Gewissen erkennt man in wunderbarer Weise jenes Gesetz, das in der Liebe zu Gott und dem Nächsten seine Erfüllung hat.
> Um diesem Gewissen immer folgen zu können, muss der Mensch frei entscheiden und handeln können; nur frei kann der Mensch sich zum Guten hinwenden.

> Und diese Freiheit schätzen unsere Zeitgenossen hoch und erstreben sie leidenschaftlich. Das Konzil verurteilt darum auch alle Arten von Zwang und Gewalt, welche die Persönlichkeit verletzen. Darunter können wir auch die frühere Inquisition verstehen.
> Gott allein ist der Richter und Prüfer der Herzen; darum verbietet er uns, über die innere Schuld von irgendjemandem zu urteilen."

Hier waren sich Katholische Kirche und Freimaurer sehr nahe gekommen, und auf dieser Ebene war auch der seit 1968 gepflegte Dialog möglich.

„Mit diesem Bekenntnis" so schrieb der Theologe *Prof. Herbert Vorgrimler,* der selber am Dialog teilgenommen hatte, „hat die Kirche auf einen Weg zurückgefunden, der für sie lange im Dunkel lag, und auf dem die Freimaurer ihr vorangegangen sind. Durch über 2 Jahrhunderte hat die Katholische Kirche ignoriert, was ihr das Freimaurertum werbend oder in herber Kritik zu sagen hatte. Freimaurer trachten danach, das zu überwinden, was die Geister und Seelen trennt, und sich darum strebend zu bemühen, was die Menschen brüderlich verbindet."

Die gleichen Gedanken finden wir bereits 250 Jahre zuvor in den freimaurerischen OLD CHARGES, den ALTEN PFLICHTEN von 1723, wo es im I. Hauptstück heißt:

> „Der Maurer ist verpflichtet, dem Sittengesetz zu gehorchen, und wenn er die Kunst recht versteht, wird er weder ein engstirniger Gottesleugner, noch ein bindungsloser Freigeist sein."

Es heißt dann weiter:

> „Der Freimaurer ist zu der Religion zu verpflichten, in der alle Menschen übereinstimmen – und dabei jedem seine besonderen Überzeugungen selbst zu belassen. Sie sollen also gute und redliche Männer sein, von Ehre und Anstand, ohne Rücksicht auf ihr Bekenntnis oder darauf, welche Überzeugungen sie sonst vertreten mögen. So wird die Freimaurerei zu einer Stätte der Einigung und zu einem Mittel, wahre Freundschaft unter den Menschen zu stiften."

Der Freimaurer hat also – nach welcher Religion auch immer – an einen Schöpfer zu glauben. Das ist die Minimalformel, unter der Freimaurer aller Glaubensrichtungen übereinstimmen. Und neben der Verehrung des GROSSEN BAUMEISTERS ALLER WELTEN hat er sich unter seinen Mitmenschen vorbildlich und aussöhnend zu verhalten.

Es ist daher nicht nur möglich, sondern ein wesentliches Ziel der Freimaurerei, dass sich in der Loge Männer verschiedenster Glaubensrichtungen als Brüder begegnen. Hat nicht Jesus Christus als das Wesentliche bezeichnet: „Du sollst Gott ehren und deinen Nächsten lieben", dies sei das alleinige und höchste Gebot?

Die Katholische Kirche hat diese Besonderheit der Freimaurerei als SYNKRETISMUS, das heißt Vermischung von Religionen, abgetan und heftig bekämpft. Dabei haben gerade Freimaurer nie versucht, die Religionen zu vermischen und zu einer Art Überreligion zu vereinen; sie haben lediglich für die Zeit ihres Beisammenseins der Logenmitglieder die trennenden Religionsschranken aufgehoben.

Gotthold *Ephraim Lessing*, einer der geistigen Väter der Freimaurerei, hat sich vor der Aufnahme in den Bund so geäußert:

> „Ich bewundere die aufgeklärten Geister, die in Christ und Jud und Muselmann zuerst einmal den Menschen sehen.“

Nach einem ebenfalls mit der Evangelischen Kirche in Deutschland geführten Dialog wurde von dieser abschließend geurteilt, dass gegenüber einer Mitgliedschaft in einer Freimaurerloge kein Bedenken bestehe. Diese Frage unterliegt der Gewissensentscheidung des einzelnen Christen.

Die Katholische Deutsche Bischofskonferenz ließ im Jahre 1980 verlauten:

> „Der Grosse Baumeister aller Welten der Freimaurer ist keine Vaterfigur, ist kein persönlicher Gott, und daher erschüttere der in diesem Begriff liegende Toleranzgedanke die Haltung des Katholiken in seiner Glaubenstreue und in der Anerkennung des kirchlichen Lehramts.“

Schließlich wird noch für den katholischen Gläubigen als belastend hervorgehoben, dass die freimaurerischen Ritualhandlungen in Wort und Symbol einen sakramentähnlichen Charakter besäßen und den Eindruck erweckten, durch sie werde etwas den Menschen Verwandelndes bewirkt.

Damit haben sie sogar etwas Treffendes erkannt. Aber unsere Dialogpartner konnten sich einfach damit nicht abfinden, dass ein Mann sich um mehr Vollkommenheit bemüht und dies auf dem Wege ritueller Erlebnisse versucht.

In entscheidenden Augenblicken unserer Diskussion zogen sich die katholischen Dialogpartner ständig in ihre theologische Festung zurück in dem Bewusstsein, dass wir ihnen dahinein nicht werden folgen können. Aber wir waren von vornherein dazu auch nicht bereit. Ständig wurden wir damit befeuert, dass allein die Katholische Kirche im Besitz der göttlichen Wahrheit sei.

Ich muss auf die Vorhaltung eingehen, Freimaurer bedienten sich sakramentähnlicher Handlungen: Sakrament, das heißt „religiöses Geheimnis“, heißt auch „Weihe“, bedeutet „Kommunion mit Gott und den Menschen“. Das Sakrament nimmt also eine vermittelnde Rolle ein. Nun gibt es in fast allen Religionen derartige Sakramente. Warum sollten die rituellen Handlungen der Freimaurer für diesen oder jenen Bruder nicht religiöses Erleben bedeuten und die Rolle des Vermittelns von Gottesgegenwart bewirken?

Oft wird Religion mit Konfession verwechselt. Religion meint die Fülle verschiedener Erscheinungen mit Bezug zum überweltlichen Heiligen – meist in personaler Gestalt eines oder mehrerer Götter. RELIGIO, das ist die sorgfaltige Bearbeitung eines Kults – lateinisch RELIGERE. Es ist aber auch Verbindung mit Gott – lateinisch RELIGARE = binden.

Religion, das ist Gottesfurcht und Gottesverehrung, ist auch Ehrfurcht vor dem Heiligen, ist heilige Scheu, verbunden auch mit einem Offenbarungserlebnis.

Und alles wurde im Laufe von Jahrhunderten von den christlichen Kirchen und ihren Priestern, Kardinälen und Bischöfen in heiligen Texten ausformuliert mit der Absicht, etwas für die Ewigkeit festzuhalten, denn sie manifestierten ihre Texte als die alleinige und alleinseligmachende Wahrheit.

Wie nun die Priester ihre kultischen Handlungen in festen und teils prächtigen Gebäuden – Kirchen, Kathedralen, Synagogen und Moscheen – vornahmen, so standen auch die Dogmen – die Lehrmeinungen und Glaubenssätze – unverrückbar fest, für die Dauer festgelegt. Kein Zweifel durfte an diesen Fundamenten rütteln.

Noch einmal zum Begriff Religion: Die Zeit wird geheiligt durch religiöse Feste – der Raum wird geheiligt durch inbrünstiges Erleben an bestimmtem Ort, auch durch Offenbarung und Wunder. Somit dient Religion der Vergegenwärtigung des Heiligen auf Erden.

Ist das nun sehr weit entfernt von Freimaurerei? Einer Freimaurerei, die eine Religion lehrt, in der alle Menschen übereinstimmen? Ist eine durch Achtung und Toleranz gebotene Verbrüderung und Übereinstimmung der nach Religionen und Konfessionen getrennten, aber in Ehrfurcht vor dem GROSSEN BAUMEISTER zusammengeführten Männer nicht Religion?

Man wird antworten: Freimaurerei ist keine Religion und schon gar nicht ein Kirchenersatz, denn wir erlösen keine Menschen von ihrer Schuld vor Gott, unsere Ritualbeamten sind keine Priester, sie verwalten keine Sakramente, und wir handeln nicht rituell „im Namen Gottes".

Es hat zu allen Zeiten eine Kluft gegeben zwischen den offiziellen Religionen der Theologen, der Priester, und den volkstümlichen Vorstellungen. Bewegte sich *Jesus Christus* nicht unter dem Volk? Wählte er sich seine Jünger nicht aus dem Volk? Sprach er nicht in den einfachen Menschen verständlichen Gleichnissen? Er war kein Hoher Priester. Er forderte Ehrfurcht vor Gott und – Liebe zum Nächsten.

Ist das nicht deckungsgleich mit dem, was Freimaurer wollen und tun? Wir sind heute Zeugen, wie kirchlicherseits bestehende Ordnungen und Vorstellungen aufgegeben werden. Welcher Priester droht noch mit dem höllischen Feuer – außer Kardinal *Ratzinger* gegenüber den Freimaurern? Wer spricht noch von dem Gottesgericht? Wo wird die Wiederkunft Christi allen Ernstes noch sehnsüchtig erwartet? Wer kann mit den Begriffen von Sünde und Teufel oder gar mit der Auferstehung des Fleisches noch etwas anfangen? Wird der liturgische Kultus noch verstanden? Oder die Worte aus dem Glaubensbekenntnis: „Sitzend zur Rechten Gottes?“ Wo hört man die Priester mahnen „Tut Buße!“ oder „Lasst euch versöhnen mit Gott“? Das Sakrament der Ehe wird mehr und mehr aufgegeben und ist weithin zu einem frommen Brauchtum herabgesunken. Wer versteht bei der Taufe noch das Wort „Und nun lebe, doch nicht du, sondern Christus lebe in dir“? Weihnachten, Feier des Betretens Gottes auf dieser Erde?

Oh nein, längst haben sich die Kaufhäuser des sogenannten „Festes der Liebe“ angenommen, das sich darstellt durch Geschenkekaufen und -weiterreichen. Weihnachten, das ist fromme Stimmung und christliches Brauchtum. Und mit Pfingsten können die meisten ohnehin nichts anfangen. Pfingsten, das sind arbeitsfreie Tage, und die Himmelfahrt Christi wurde zum Vatertag.

Aber machen wir es uns nicht zu einfach. Vermeiden wir Oberflächlichkeit! Fragen wir uns, in welcher Situation sich der Mensch heute in religiöser Beziehung befindet, in einer Zeit, in der die Wissenschaft unsere bisherigen Vorstellungen umwälzt.

Erhebliche Veränderungen – meist noch unbewusst – wurden im religiösen Empfinden hervorgerufen, die sich ebensowenig wegräumen lassen wie seinerzeit die Entdeckungen von *Galilei*, *Kopernikus* und *Kepler*.

Denken wir doch einmal nach: VOYAGER 11 zum Beispiel, die zur Erkundung des Weltenraums auf den Weg gebrachte Erforschungssonde, war ein Vierteljahrhundert unterwegs und hat phantastische Aufnahmen vom Planeten Neptun und seinen Monden zur Erde gefunkt. Vier Stunden und sechs Minuten waren die Bilder von dort bis zu uns unterwegs.

Von der Sonne bis zur Erde braucht das Licht nur acht Minuten. Und wenn VOYAGER 11 unser Sonnensystem verlässt, – er fliegt 17 Kilometer in der Sekunde – dann dauert es noch 35.000 Jahre, bis er in den Anziehungsbereich eines anderen Sonnensystems eindringt. Die am abendlichen Himmel zu sehende Milchstraße hat eine Ausdehnung von weit über 100.000 Lichtjahren. Und weit über 100.000 Galaxien wurden von den Astronauten festgestellt. Und der Andromedanebel – bestehend aus massenhaften Sonnen – ist nach Lichtmessungen 2,25 Millionen Lichtjahre von uns entfernt. Davon wusste vor 2.000 Jahren noch niemand etwas, nicht einmal vor 100 Jahren!

Mit diesen wissenschaftlichen Erkenntnissen verschwindet die gütige Vaterfigur Gottes, wie einst sie *Michelangelo* malte, jenes Gottes, der doch den Menschen „nach seinem Bilde" schuf. „Lieber Gott, mach mich fromm, dass ich in den Himmel komm" – nein! Gott ist unendlich groß, unendlich mächtig, unendlich geheimnisvoll, und unerklärlich ist sein Wesen. Ein wahrhaft GROSSER BAUMEISTER ALLER WELTEN! Die Astronomen haben ihn uns verkündigt. Das Weltbild hat sich verändert.

Und der Mensch fühlt sich großartig, aber – erkennt er auch seine Winzigkeit in der gewaltigen Ausdehnung des Ewigen? Unmerklich lösen sich unsere Bindungen an die vertrauten Religionen. Die Suche nach der Urkraft des Universums, die Frage nach dem „Woher und Wohin", nach dem Sinn des Lebens, das alles reicht mittenhinein in die jahrtausendealte Geschichte von Kosmologie und – Religion.

Das ptolemäische Weltbild bestand noch aus einer Erdscheibe, und diese befand sich in der Mitte des Weltganzen. Über dieser Scheibe wölbte sich der Himmel, und die Sonne ging auf und ging unter, wie wir noch heute fälschlicherweise sagen.

Galilei verkündete seine umwälzende Entdeckung:

> „Nicht die Sonne dreht sich um den Mittelpunkt Erde, sondern diese dreht sich mit den anderen Planeten um die Sonne."

Verzweifelt versuchte die Kirche, diese wissenschaftlichen Erkenntnisse ungültig zu machen, wenigstens aufzuhalten, denn sie wusste, wie sehr der Glaube der Christenheit durcheinandergeraten und Zweifel aufbrechen könnten. Es half nichts, die alte Weltsicht wurde abgelöst durch eine neue – und neue Dimensionen des Glaubens taten sich auf. Aber auch Verunsicherungen.

Zu unserer Überraschung brachten die jüngsten Erkenntnisse die Naturwissenschaftler – nach ihren eigenen Aussagen – wieder heran an Mystik und Religion. Sie waren die Überraschten, die zutiefst Betroffenen, und der Verstand konnte und wollte es nicht fassen, dass es eine Un-Endlichkeit, ein Ohne-Ende-Sein, ein Nicht-Fassbares geben soll. Und so standen die Wissenschaftler plötzlich vor einer Materie gewordenen Weisheit voller Kraft und Vollendung.

Mit diesen Erkenntnissen – diesem „Gott, wie bist du unendlich" – erfahren wir unsere eigene Stellung und Bedeutung zu diesem Unendlichen, diesem „Von Ewigkeit zu Ewigkeit", und wir erkennen, dass menschliche Selbstüberheblichkeit, ihr Herrenmenschen- und Kolonialherrentum, ihr über das Geschäftliche hinausgehende Kosten-Nutzen-Denken ein Nichts ist, dass unser aller Leben doch ein so kurzes ist, und daß die Zeit reif ist für die Notwendigkeit, dass wir uns verbrüdern, uns nicht mehr gegeneinander wenden, sondern brüderlich aufeinander zugehen, dass wir in unserem Gewissen die Verantwortung spüren, die wir vor dem GROSSEN BAUMEISTER ALLER WELTEN tragen, und in Güte, Vergebung und Toleranz miteinander umzugehen haben. Das ergibt sich aus der Erkenntnis unseres Standes diesem so gewaltigen Schöpfergott gegenüber.

Die Konsequenz lautet: Überbewerte nicht länger Macht und Besitz, halte die Gier zurück, verzichte auf die Lust zu beherrschen, aber sie heißt auch Ablösung von allen Gott eingrenzenden Dogmen. Hin zur Menschenverbrüderung und zu gutem, vertrauensvollem Miteinander – und dies in Ehrfurcht vor dem GROSSEN BAUMEISTER.

Und da sind wir mitten im Geist der ALTEN PFLICHTEN von 1723 und unserem heute gepflegten Ritual. Wir haben zu erkennen, dass wir zum rechten Maß unseres Verhaltens zurückfinden müssen. „In der Beschränkung zeigt sich erst der Meister", sagte *Goethe*.

Das neue Weltbild verlangt nach neuen Verhaltensregeln, nach neuen Einsichten, – ja, und die vermag die Freimaurerei zu bieten! Mit unseren ins Symbolische erhobenen Werkzeugen Winkelmaß, Zirkel, Längenmaß und Senkblei können und wollen wir die Menschen wieder hinführen zum rechten Maß im Leben.

Wer aber meint, wir lebten in einer zunehmend religionsloser werdenden Zeit, weil die Industrie und Dienstleistungsgesellschaft keine Religion mehr brauche, da die Menschen ihre Probleme radikal selber zu lösen vermögen (man denke nur an die Gentechnik und das Klonen), der hat die Herrschaft und die Ewigkeit und die Unendlichkeit des GROSSEN BAUMEISTERS ALLER WELTEN noch nicht vor Augen und nicht im Herzen, der sieht sich selbst noch viel zu groß, der muss sich seiner an der Ewigkeit gemessenen Winzigkeit erst noch bewusst werden, dem fehlt noch das heutige „Erkenne dich selbst", wie es jedem Neuaufgenommenen zugerufen und von ihm gefordert wird.

Ich wünsche den Religionen keinen Verfall, schon gar nicht der christlichen, die unser Abendland prägte, ich wünsche ihnen nur eine behutsame Wandlung, wenn nicht gar Rückführung in Zeiten ihres Aufbruchs, wenn die Verantwortlichen dazu noch in der Lage sind.

Keinem Glaubenden soll sein Fundament entzogen werden, aber die neuen Dimensionen unserer Erkenntnisse, die uns zunächst nur staunen lassen, fordern die Einsicht und den Mut zu neuen Glaubensinhalten und -formen.

Wir benötigen die Wissenschaft für unser Glaubensleben nicht. Sie kann uns dem Ursprung und dem Ewigen wohl näherbringen, aber niemals wird sie den GROSSEN BAUMEISTER schauen und erkennen lassen.

Wir benötigen eine andere Form der Religion, die unser menschliches Maß wieder zurechtrückt und die Menschen dieser Erde zu Brüdern und Schwestern macht. Zu Menschen, die ohne Vorurteil dem anderen begegnen, welcher Herkunft, welchen Standes, welcher Nationalität er auch sein mag, die den Andersartigen nicht verurteilen, sondern ihn zurechtlieben will.

„Und ist ein Mensch gefallen, führt Liebe ihn zur Pflicht“, heißt es in der ZAUBERFLÖTE. Allem voran aber steht, dass wir unseren eigenen Stand zum Universum finden müssen. Aus der Erkenntnis daraus formt sich dann die Religion, das neue Verhältnis zum großen Gegenüber. Und auf diesem Feld der Erkenntnis arbeiten Freimaurer seit jeher.

Lessing sagte: „Freimaurerei war immer“, und es scheint mir so, als habe die Freimaurerei dem suchenden Menschen der Gegenwart – und erst recht dem der Zukunft – Sicherheit und religiöse Basis zu bieten.

Ist Freimaurerei dann doch eine Religion? Ich wage das nicht zu bejahen. Die meisten Logen müssten sich in diese Rolle erst hineinfinden. Aber ich kann die Frage auch nicht rundweg verneinen. Sicher befindet sich auch die Freimaurerei in einer Entwicklung, wie sie dies schon zur Zeit der Aufklärung, zur Zeit der Aufwertung des Menschen befand.

In dem Sinne halte ich das Aufnehmen eines neuen Gottesbildes für erforderlich, dass es sich wirklich um einen unendlich GROSSEN BAUMEISTER ALLER WELTEN handelt. Die Freimaurerei vermag es anzubieten, wenn sie es in den Logen entsprechend repräsentiert.

Aber es muss eine Religion sein, die – nach Weltkriegen, Auschwitz, Treblinka, Hiroshima und Archipel Gulag – die Menschen wieder versöhnt und verbrüdert, eine Religion, die glaubwürdig verwirklicht wird.

Da haben wir die Ansatzpunkte für die Freimaurerei von morgen! Im Gegensatz zu ständigem Schuldbewusstsein, zu einer Vergeblichkeit dieses Lebens, zu angedrohten Höllenqualen setzen wir unser Vertrauen in den guten Willen der Menschennatur, die stets eine nach dem Besseren suchende war und ist. Keine Weltverneinung, sondern Lebensbejahung in voller Verantwortung vor dem GROSSEN MEISTER. Das ist der Geist, der in unseren Logen viel, viel stärker seinen Wohnsitz haben muss. Dann können wir auch die nach dem Lebenssinn fragen, den Menschen in Gegenwart und Zukunft religiös befriedigen.

Unsere Jugend neigt teilweise den Religionen des fernen Ostens zu. *Hermann Hesses* SIDDHARTA wird nach wie vor verschlungen. Die ältere Generation hat die Bindung an die Kirchen vielfach verloren. Da haben wir uns einzuklinken, denn da blinkt für uns die Aufgabe auf, und wir beschreiten einen wahrhaft revolutionären Weg.

Dass die Frage nach dem inneren Leben und den esoterischen Praktiken enorm gewachsen ist und weiter anhalten wird, weist erneut auf die Notwendigkeit hin, dass Freimaurer hier anzutreten haben, denn sie können in der Lage sein, gerade in unserer entseelenden technischen Wirklichkeit, den nach Lebensinhalt suchenden Männern eine notwendige stabile religiöse Basis zu bieten. Bruder *Ernst Horneffer* sprach sogar von einer Universalreligion.

Erkennen wir, dass der Zeitpunkt nur uns Freimaurer gekommen ist, wie er für die Brüder Freimaurer gekommen war, als man sich anschickte, das Zeitalter des Absolutismus durch das der Aufklärung zu ersetzen?

Ich ende mit einem seit zwei Jahrhunderten gesprochenen Gebet, das der Meister vom Stuhl nach Öffnung der Loge spricht:

> „Großer Baumeister der Welt,
> Ewiger Vater der Menschheit!
> Wie die Pflanze zum Licht aufstrebt,
> so wendet sich unsere Seele zu dir.
> Erleuchte unseren Geist mit deinem Lichte,
> erwärme unser Herz mit deiner Liebe!
> Segne unsere Arbeit, damit diese Bauhütte ein
> Tempel werde zu deiner Verehrung,
> eine Heimat brüderlicher Gesinnung,
> eine Schule edler Menschlichkeit
> und eine sichere Stätte für die,
> welche die Wahrheit suchen."

Dieses Gebet ist schon alt.

Ich stelle zum Schluss ein Ritualgebet eines heutigen Dichters dem anderen gegenüber!

„Großer Meister und Erbauer
dieser deiner großen Welt!
In alle Weiten der Unendlichkeit
öffneten wir der Loge Grenzen –
nach Süden und Westen und nach
dem lichtspendenden Osten.
Wir ließen zurück die irdische Zeit,
um uns der Tiefe deines Wesens zu vereinen.
Denn, Großer Meister,
vor dir gilt nur das Maß deiner Ewigkeit."

Ein Gebet, das ausweist, wie die neuen Erkenntnisse zu neuen religiösen Ausdrucksformen führen.

Und in dieser Suche stehen Freimaurer nicht allein da.

Ist unsere Loge noch eine diskrete Gesellschaft?

Wenn ein Gast einen offenen Abend einer Freimaurerloge besucht, dann erfährt er, wenn der Referent sein Fach versteht, dieses: „Freimaurerei ist kein Geheimbund."

Sofort meldet sich im Gast Widerspruch, denn die Logen kommen doch im Geheimen zusammen. Die Öffentlichkeit hat keinen Zutritt.

Aber dann bekommt er eine gute Erklärung: „Schweigen ist eine der wichtigsten Tugenden der Freimaurer."
„Stimmt das?", frage ich mich. „Wenn ja, dann wird diese Tugend wenig geübt."

Der Referent fährt fort: „Freimaurerei besitzt keine Geheimnisse."
„Aha", denkt der Gast, und wird dann sofort in die Irre geführt: „Ihr, Geheimnis erschließt sich nur dem, der sich zutiefst ihren Symbolen, Allegorien und Wesensgehalten hingibt."

„Also doch ein Geheimnis! Was ist denn nun?" Und der Gast ist gespannt, wie sich die Verwirraussage auflöst. Doch er wird enttäuscht, denn der Referent wechselt das Thema: „Freimaurerei vereinigt ihre Mitglieder in bruderschaftlichen Formen, in sogenannten Logen. Ihre Leitziele sind Menschlichkeit, Anerkennung und Toleranz gegenüber dem Mitmenschen und tätige Bruderliebe gegen jedermann. Wer Mitglied in einer Loge werden will, muss sich vorher einer strengen Selbstprüfung unterziehen, um sich spätere Enttäuschungen zu ersparen."

„Nanu?", fragt sich der Gast.

„Geformte Harmonie und geübte Humanität sind die wichtigsten Faktoren innerhalb der Freimaurerei. Menschenwürde und ein Gefühl für sie zu entfalten, ist die erzieherische Aufgabe innerhalb der Gemeinschaft einer Loge."

Und dann werden natürlich die Großen herbeigerufen: *Goethe*, *Herder*, *Lessing*, *Wieland* – alle selbst Freimaurer – nannten die Logen zutreffend „Pflanzschulen der Geister" und meinten damit Erziehungsstätten zum Wahren, Guten und Schönen.

Wieder springt unser Referent auf ein anderes Thema: Freimaurer sind Gottesverehrer; sie lehnen aber innerhalb ihres Bundes dogmatische Festlegungen ab. Sie verehren Gott als den „Großen Baumeister aller Welten" und glauben an eine Unsterblichkeit, denn bei Begräbnissen sprechen sie vom „Eingehen in die Große Loge", „vom Eingehen in den ewigen Osten" oder vom „Abgerufensein zu höherer Arbeit". Freimaurerei, so fährt der Referent fort, ist aber keine Religion, sondern eine Lebenskunst.

„Übt der in seiner Religion Eingewurzelte nicht auch in seinem Alltag eine Lebenskunst aus?", fragt sich der Gast.

Unser Referent fährt fort: „Eine Lebenskunst, die das Verhältnis der Menschen zueinander zu bessern bestrebt ist."

„Das tun die aktiv in ihrer Gemeindearbeit Stehenden auch", denkt sich unser Gast.

Aber dann erfährt er es: „Freimaurerei vereint Menschen guten Willens im Geiste der Religion, in der alle Menschen übereinstimmen."

„Also doch Religion", stellt unser Gast fest. „Was ist denn nun?"

Dann wieder unser Referent: „Das Gewissen als Stimme Gottes in der Menschenbrust, wie *Kant* es ausgedrückt hat, das ist des Freimaurers höchste Autorität."

Neben der Toleranz, der Lessing in seinem dramatischen Gedicht NATHAN DER WEISE ein so schönes Denkmal gesetzt hat, fordert und gewährt die Freimaurerei höchste Freiheit; nicht die Freiheit von Bindungen, sondern die Freiheit zur Entfaltung höchsten Menschentums. Unser Referent setzt sich. Die anwesenden Brüder trommeln ihren Beifall auf die Tischplatte.

Unser Gast aber denkt: „Ich wollte gern etwas über das Geheimnis der Freimaurerei hören. Aber darüber sagen sie nichts."

Er will auch nicht fragen. Man könnte sich blamieren. Und unser Referent hat wirklich alles gut und richtig über die Freimaurerei ausgesagt, aber das war offensichtlich nicht genug.

Das war der Prolog. Die Situation ist uns allen bekannt. Frage: „Sind wir noch eine diskrete Gesellschaft?"

Diskret, das heißt verschwiegen, aber rücksichtsvolle Verschwiegenheit, taktvolle Verschwiegenheit.

Der Begriff diskrete Gesellschaft könnte eher zutreffen als Geheimgesellschaft. Letzteren Begriff weisen wir weit von uns. Und doch hat die Freimaurerei etwas mit dem Geheimen zu tun.

Gruppenbildungen und Männerbünde, die sich bewusst von der Außenwelt abgrenzen, waren und sind immer wieder Anstoß für Gerüchte und im schlimmsten Fall für Verschwörungstheorien. So erging es den Freimaurern, so erging es den Christen in den Katakomben Roms, so erging es *Sokrates* und seinen Schülern.

Die Freimaurerei als klassische diskrete Gesellschaft stand nahezu seit ihrer Gründung im Zentrum bösartiger Spekulationen. Wo komplizierte soziale, wirtschaftliche oder politische Entwicklungen anstanden, die schwer überschaubar waren, mussten die Freimaurer als geheime Verursacher herhalten.

So mussten es die Freimaurer gewesen sein,

- die die Schreckensherrschaft der Jakobiner während der Französischen Revolution organisierten;
- sie waren es, die auf Feindesseite den Ersten Weltkrieg auslösten und die auf unserer Seite den Aufmarschplan der deutschen Armeen verrieten;
- sie lösten 1932 die Weltwirtschaftskrise aus;
- sie beherrschen noch heute die New Yorker, die Londoner und die Zürcher Börse;
- sie waren es, die 1917 in Russland die Revolution in Gang brachten.

Besonders *Leo Taxil* war es, der um die Jahrhundertwende die Verdächtigungen in schwindelnde Höhe trieb, als er behauptete, er sei dabeigewesen, als während einer Logenarbeit der *Teufel Bitrou* erschienen und von den Maurern angebetet worden sei. Daraufhin wurde *Leo Taxil*, der später entlarvte Schwindler, vom Papst gnädig in Audienz empfangen.

Natürlich hat es auch Menschen gegeben, die diesen faulen Zauber und die Theorie von der Weltverschwörung der Freimaurer ablehnen, die dafür aber nun ein starkes Informationsbedürfnis haben und dieses befriedigt sehen wollen, zumal in Zeiten einer freiheitlichen Demokratie mit dem Recht auf Information.

Diesen Auftrag haben die Medien, und es ist nur zu natürlich, dass sie versuchen, gerade die Gesellschaften zu durchleuchten, die sich bisher in der Öffentlichkeit zurückhielten.

So ist es dazu gekommen, dass Freimaurerei gleichgesetzt wurde mit elitärem Männerbund, mit Gesellschaftsclub mit Servicecharakter, mit okkultem Geheimbund, mit internationaler Vereinigung, um im Geheimen die Weltmacht an sich zu reißen.

Über keine Gruppenbildung ist eine derartige Fülle von unrichtigen und vor allem falschen Informationen publiziert worden, wie in unserem speziellen Bereich.

Hinzu kommt, dass es auf Freimaurerseite eine Art von Rechtfertigung gibt, die immer wieder historische Forschungsergebnisse mit gefühligen Eigeninterpretationen vermischt, die dann zu unbewiesenen Theorien führen. Ich sage – und weiß, was ich sage, wenn ich behaupte, dass die Freimaurer seit Anbeginn schlechte Geschichtsschreiber ihres Bundes gewesen sind.

Das beginnt damit, dass mit einem gewissen Recht gesagt wird, dass, seit es in Gruppen zusammenlebende Menschen gibt, es auch immer moralische Forderungen zum Zweck guten Zusammenlebens gegeben hat, die sich mit der Freimaurerei vergleichen lassen. *Lessing* behauptete: Freimaurerei war immer, solange es eine bürgerliche Gesellschaft gegeben hat.

Und so sind dann die freimaurerischen Geschichtsschreiber – allen voran der Autor unserer ALTEN PFLICHTEN VON 1723, der Prediger James Anderson – bis zu *Adam* als dem ersten Großmeister gekommen, der mit seinen Söhnen Loge hielt.

In schwärmerischer Begeisterung ging man sogar soweit zu behaupten, die maurerische Tradition habe schon vor den Sonnensystemen bestanden, siehe OLIVERS ANTIQUITIES OF FREEMASONRY. In der legendären Liste werden als Großmeister aufgeführt: *Jesus Christus*, *Moses*, *Noah*, *Salomon*, sogar der Erzengel *Michael* und – nun kommt es: der Erbauer des Salomonischen Tempels, *Hiram*.

Dieser Salomonische Tempelbau wurde im Laufe der Zeit samt der Hiramlegende spiritualisiert, wie dies noch heute im III. Grad rituell gepflegt wird.

Diese HIRAMLEGENDE benutzten dann die katholischen Stuarts von Schottland, um eine geheime Organisation aufzubauen, um die politische Macht in England zurückzuerobern. In Frankreich wurden dazu eigens Logen gegründet.

Daneben läuft nun aber eine ganz andere und historisch nachweisbare Entwicklung: Es gab ein Privileg für geheime Zusammenkünfte.

Das römische Imperium war weit auseinandergezogen, und die verstreut biwakierenden Legionen bedurften der Truppenbetreuung, sprich der religiösen Kultausübungen. In den Legionen waren Syrer, Perser, Nubier, Ägypter, Christen, Anhänger des MITHRAS-KULTES und zahlreiche mehr. Die bedurften der gewohnten religiösen Betreuung, also gab es die römischen Baukollegien mit dem Auftrag, jeweils die entsprechenden Altäre und Kultstätten zu errichten.

Das setzte zweierlei voraus: Sie mussten sich in allen Religionen innerhalb des Imperiums auskennen und, die Offiziere der Legionen besaßen kein Recht, diesen Baukollegien etwas zu befehlen oder ihre eigenen Wünsche durchzusetzen, denn es war nur zu natürlich, dass ein jupitergläubiger Römer dem jüdischen Kultus die Gleichberechtigung absprach.

So entstanden überall im Römischen Reich religiöse Kultstätten, zu sehen z. B. bei den Ausgrabungen in Köln, wo neben christlichen Altären die der Juden und MITHRAS-Anhänger gefunden wurden. Mit der Zeit gingen diese Bauvorhaben auf die Klöster über. Das Christentum hatte sich durchgesetzt, und die Benediktiner und Zisterzienser hatten nun den Auftrag, christliche Andachtsstätten zu errichten. Sie übernahmen dabei die Traditionen der Baukollegien und deren Privileg, geheim zusammenkommen zu dürfen, um die Baupläne und deren Geheimnisse zu beraten.

Neu in diese Orden aufgenommene Mitglieder wurden, wie wir es von den Benediktinern wissen, nach der HIRAMLEGENDE rituell eingeführt.

Von den Klöstern geht die gerade Linie zu den durchaus christlich geprägten Bauhütten des Mittelalters, die ebenfalls rituell zusammenkamen und das Privileg geheimer Zusammenkünfte besaßen. Aber sie wurden bald arbeitslos, die Kirchen waren landein, landaus gebaut.

Da kam das große Glück im Unglück in Form des großen Brandes 1666 in London, der Dreiviertel der Stadt verwüstete. Die Bauhütten machten sich auf und zogen auf die Insel und fanden für Jahrzehnte Arbeit. Aber dann kam wieder Beschäftigungslosigkeit und die Bauhütten verfielen.

Um dem Ruin entgegenzutreten, schlossen sich 1717 vier Lodges, das heißt Baubuden, Bauhütten, zu einer Grandlodge zusammen, und da jetzt auch Nichthandwerker aufgenommen wurden – warum wohl? – haben wir mit Johanni 1717 die Gründung der modernen Freimaurerei, in der das bisher christlich vergeistigte Bauhandwerk auf die rein geistig-symbolische Ebene erhoben wurde. So traten neben die Alten Maurer die Nichtmaurer, die Angenommenen.

Und warum traten sie den Logen bei? Und zwar ausgezeichnete Führungskräfte des gehobenen Bürgertums, des Adels und der Kirche? Weil es immer noch das Privileg der geheimen Zusammenkünfte gab, und das war in der Zeit der brutal-absolutistisch herrschenden Könige und Fürsten von großer Bedeutung, denn in den Logen konnte man ungestört die Gedanken von Freiheit, Toleranz und Menschenwürde austauschen.

Im II. Hauptstück der ALTEN PFLICHTEN wird das ganz deutlich: Niemand sollte zum Rebellen gegen den Landesherren werden. Diese Bestimmung war nötig, denn man musste das Privileg der geheimen Zusammenkünfte erhalten, aber wenn doch ein Bruder zum Rebellen gegen die Landesregierung werde, dann stellt sich die Loge schützend vor ihn. Er wird keineswegs deshalb ausgeschlossen.

Um die Aufklärung für den unmündig gewordenen Bürger durchzusetzen, brauchte man die geheimen Zusammenkünfte der Logen, in denen sich die führenden Geister der Zeit trafen.

Die adligen „Herren Brüder" jener Zeit glaubten es nötig zu haben, ganz geheime Hochgrade mit ganz geheimen Sonderkenntnissen zu pflegen, und so waren es die Logenmitglieder selbst, die sich aus Kämpfern für die Befreiung des Menschen zu Alchemisten und Geheimbündlern harmlosen Charakters machten.

Schließlich war der *Teufel Baphomet* Generalgroßmeister, und schon war das Gerücht vom Teufelskult geboren.

Darauf fußte dann das Hirngespinst von Exgeneral *Ludendorff,* als er die Freimaurer für alle Übel auf der Welt verantwortlich machte, dem sich noch 1975 der Bischof von Regensburg *Graber* anschloss.

Auch die Übernahme angeblicher Rittertraditionen vermehrte nur das Geheimnis umwobene und ach so böse Machtstreben bei den Freimaurern.

Die Alten Pflichten von 1723 gaben die geistige Basis für den Bestand der Freimaurerei ab, zumal im I. und II. Hauptstück, die heute noch Gültigkeit besitzen.

Und diese freiheitlichen Gedanken, die nicht nur die Andersartigkeit anderer Menschen anerkannten, sondern sich auch für deren menschliche Rechte einsetzten, zumal in der Zeit der Aufklärung, brachte unbewusst eine Öffnung der Logen mit sich.

Aus Tradition und aus gutem ethischen Grund wurde aber das Verschwiegenheitsgelübde bei der Aufnahme neuer Mitglieder beibehalten. Und damit parallel ging die Behauptung, dass die Freimaurerei kein Geheimbund ist, sondern nur eine geschlossene, diskrete Gesellschaft.

Den Verleumdungen und Vorurteilen im Volk und vor allem von Seiten der katholischen Kirche begegneten die Freimaurer damit, dass sie sich verteidigten, sich rechtfertigten, was ihnen nur schwer gelang, denn ihre Vorfahren selber waren es ja gewesen, die die abenteuerlichsten historischen Behauptungen aufgestellt hatten.

Die Freimaurer der Gründungszeit attackierten die Fürstenthrone und die Hofbürokratie, indem sie Menschenrechte forderten. Die Nachfahren dieser Maurer haben den Auftrag reduziert, indem sie die Forderungen auf rhetorische Beiträge im Tempel verkürzten, die Außenwelt aber mit ihren eigentlichen Anliegen so gut wie in Ruhe ließen.

Auf der einen Seite wollte man die Öffentlichkeit zum Rechten überzeugen, auf der anderen galt *Goethes* Wort

„Auf Schweigen und Vertrauen ist der Tempel aufgebaut!“ Klar, wer nicht verschwiegen ist, dem kann ich mich nicht anvertrauen, und ohne Vertrauen ist keine Freundschaft möglich, also ist Verschwiegenheit eine Voraussetzung für die Freimaurerei. Sagen wir es andersrum:
In einer Loge muss Diskretion in guter Übung stehen.

Wir wissen, dass der alte schreckliche Eid, wo dem Verräter die Kehle durchschnitten werden sollte usw. usw. längst in Fortfall geraten ist, dass eine neue Formulierung an seine Stelle getreten ist, und dass das Ritualkollegium dem Großmeister eine seiner Meinung nach zeitgemäße Gelöbnisformel vorgeschlagen hat.

Wo stehen wir nun heute? Sind wir noch eine diskrete Gesellschaft? Das Fehlen antifreimaurerischer Strömungen nach 1945 in Europa, der Wegfall des Instrumentariums der Verschwörungstheoretiker innerhalb der politischen Parteien haben, so seltsam das ist, die Front der Brüder nur geschwächt.

Die letzten Versuche, den Kardinal *König* zum heimlich aufgenommenen Freimaurer und den Ministerpräsidenten *Barschel* zum Logenmitglied zu machen, waren nur noch klägliche Ansätze und zeigten keine Wirkungen. Dazu kommt der Wohlstand, dieser häufige Feind des Geistigen, der gleichgültig gegenüber sittlichen Forderungen macht.

Und so fing es damit an, dass man zunächst nachlässig mit den freimaurerischen Utensilien umgeht. Der Nachlass verstorbener Brüder wanderte in die Antiquitätengeschäfte und Antiquariate.

Auch die im Wohlbefinden zunehmende Differenz zwischen dem Ideal und der Realität in den Logen tut seinen Beitrag, dass die Logen mehr und mehr zu geselligen Vereinen mit überkommener Ritualpflege degenerieren, und die Brüder Freimaurer öffnen dann bereitwillig dem Profanen die Tempel und fegen die Diskretion vom Tisch, denn sie sind begierig auf den Applaus der Öffentlichkeit, den sie jedesmal erfreut als eine Bestätigung für die eigene Existenz ansehen.

Und das führt dann immer mehr zur Preisgabe dessen, was bei den Freimaurern nun wirklich einmalig ist und was diskret zu behandeln nötig ist.

Man sieht es für einen Erfolg an, wenn eine Zeitung einen möglichst langen, dabei meist nichtssagenden Bericht über eine freimaurerische Veranstaltung gebracht hat. So ist aus der Sicherheit des Auftretens der Freimaurer in und vor der Öffentlichkeit ein unsicheres Tasten geworden.

Wir erkennen bei einigen Logen einen Trendwandel. Man möchte im Sinne der Aufklärung wieder mit der Flagge der Humanität in die Öffentlichkeit hinein, will in den Disput über die Menschen allgemein angehenden Fragen kommen, was leider oft auf Gästeabenden dazu führt, dass die rituellen Bereiche der Loge verharmlost und als zu nichts verpflichtende Tradition herabgemindert werden, was eine Preisgabe bewirkt.

Hier kann die Großloge zwar dann und wann Richtungen und Möglichkeiten andeuten, je klarer desto besser, aber im Grunde liegt es bei jeder Loge, den ihr gemäßen und ihr auch möglichen Stil und Einsatz zu finden.

Ich wiederhole daher meine Eingangsfrage und eröffne damit die Diskussion: „Ist unsere Loge noch eine diskrete Gesellschaft?“

Von der Rückkehr zum Eigentlichen der Freimaurerei

Keinesfalls will ich ins Lobpreisen kommen über unsere so großartige Männergesellschaft oder über die bedeutenden Männer, die in der Matrikel der Logen ausgewiesen werden, sondern unsere Arbeit soll für mich Anlass sein, die so selbstverständlich gewordene Freimaurerei in Frage zu stellen.

Ich will ihr die Selbstsicherheit nehmen, die scheinbare Selbstverständlichkeit, mit der sie von ihren Mitgliedern gehandhabt wird. Ich will die so gern betonte „Königliche Kunst" prüfen, ob sie in unsere Zeit passt. Vielleicht ist sie ja neu zu entdecken, diese unsere Freimaurerei? Vielleicht hat sie trotz aller Unkenrufe dennoch Bedeutung und Kraft. Aber dazu muss ich ihre viel zu wichtig gewordene Verpackung entfernen, damit das Eigentliche wieder sichtbar wird.

Nehme ich mir ein Lexikon und lese nach, was denn darin über die Freimaurerei gesagt wird:

> „Die Freimaurerei ist eine Vereinigung von Männern auf dem Boden der Humanität und der religiösen Duldsamkeit mit dem Ziel, durch Arbeit an sich selbst zu einer persönlichen Veredelung zu gelangen, Verständigung unter den Menschen zu bewirken, allen trennenden Mächten wie Klassengeist, Fanatismus und Chauvinismus den Kampf anzusagen. Das Ziel ist die allgemeine Menschenliebe; das Ideal der allgemeine Menschheitsbund."

Alles stimmt – und dennoch: Wer das liest, der entdeckt zwischen den Zeilen die Väter eines gutgläubigen Idealismus, die es noch für möglich hielten, dass der Mensch sich zur reinen Humanität ausbilden und zur selbstlosen Menschenliebe sich wirklich entwickeln könne.

Herder, *Goethe*, *Wieland*, *Schiller* und andere jener Zeit sprechen aus den Zeilen unseres Lexikons. Dieser Idealismus ist aber so völlig verdorben und untergegangen, dass es auf jene freimaurerischen Ziele von damals nur die Antwort geben kann: Gescheitert, denn wir haben es im vergangenen und auch schon im gegenwärtigen Jahrhundert selbst erlebt.

Wir müssen diesen hohen Idealismus als einen Selbstbetrug empfinden, denn wir haben erfahren, dass die Beweggründe menschlichen Handelns in der Selbstsucht liegen, in der Gier nach Noch-Mehr, nach Einfluss, Macht, Überheblichkeit, Vermögen, und um Vorteile zu erreichen, sind alle Mittel recht. An die Stelle des idealistischen Höhenflugs ist längst die Skepsis getreten, denn – schmerzhafte und ungeliebte Erkenntnis – wir spüren, dass in dem Einzelnen die Wurzel des Unfriedens, der Habgier und der Missgunst liegt.

Es ist falsch zu behaupten, dass der andere sich bessern müsse, wie uns das die politische Praxis ständig vorführt, sondern ich selbst bin im Tiefinnersten der Träger des Unbehagens und Unfriedens. Das wird allzugern mit Grellem und Lautem überdeckt. Die Medien und die Werbung hämmern es uns ein. Doch die Tatsache selbst wischen wir nicht aus.

Und daher muss sich der heutige Freimaurer abwenden von dem so sicher zur Schau getragenen Selbstbewusstsein der Idealisten der Vorgeneration.

Haben wir nicht ein so müdes und taubes Gefühl in den Gliedern und eine Art von Verachtung für jene rhetorischen

Wendungen, die uns in aufgefrischter Form immer wieder vorgesetzt werden, so, als wären wir noch dieselben Menschen wie jene von einst? Die noch mit Pathos ihre Entdeckung des Idealismus priesen?

Ausgerechnet auf Gästeabenden habe ich es erlebt, wie die Brüder Redner stolz auf *Goethe* und *Lessing* und *Heine* und *Tucholsky* als die Ihren wiesen. *Goethe* lesen ... kaum; aber sich mit *Goethe* großtun vor jenen, die als Suchende nach den Werten des Lebens fragen! Was die Menschen seit eh und je anstreben, ist Sicherheit, Zuverlässigkeit, Seelenfrieden und – ja, Glück.

Die Fülle materieller Segnungen, deren wir in den letzten beiden Jahrhunderten teilhaftig wurden, haben nicht den erhofften Seelenfrieden gebracht. Der in unserer Gesellschaft weitverbreitete Missbrauch von Macht, von Überlegenheit und ständiger Begehrlichkeit nach noch mehr, der nur allzu häufig anzutreffende lebensverneinende Zynismus wie auch Depressionen verweisen darauf, dass unser gegenüber früher erlangtes Wohlergehen die Vielgestaltigkeit unserer Bedürfnisse nicht zu befriedigen vermag. Es ist wie ein Sog: Je mehr einer hat, desto mehr will er haben.

Fast verkümmert steht dagegen jene Aussage im Buch des Heiligen Gesetzes: „Der Mensch lebt nicht vom Brot allein." Oder auch *Goethes:* „In der Beschränkung zeigt sich erst der Meister." Und wir werden erinnert an unsere symbolischen Werkzeuge, die alle das Maßhalten zum Ausdruck bringen.

Wohl haben Wissenschaft und Technik die körperliche Mühsal unseres Lebens vermindert. Wir leben gesünder, wir werden älter, und doch zeigt die rätselhafte Beziehung zwischen der Befriedigung der materiellen Bedürfnisse und dem Gewinn von innerem Glück, dass es einen Aspekt gibt, der über alles hinausgeht, was nur mit dem Intellekt erfassbar ist.

Im Islam spricht man mit Verachtung von dem heruntergewirtschafteten Christentum des Westens, und wir beginnen zu ahnen, dass es neben der materiellen Dimension eine religiös-spirituelle-symbolische Komponente gibt.

Ich habe feststellen müssen, dass es auf etlichen Gästeabenden wenig Leuchtkraft gibt und fühle mich auf platte Regungen von einst nicht angesprochen.

„Nichts Neues?“, fragen wir über die Schulter – und wissen um den inneren Zwiespalt zwischen dem, was sein sollte, und dem, was nun tatsächlich ist.

Da wird behauptet, die Welt sei schlechter geworden. Wie töricht! Denn mit diesem Ausspruch wollen jene bestimmt nicht ausdrücken, dass sie selber zur Sorte der schlechter gewordenen Menschen gehören. Natürlich meint man die anderen.

Wollen wir die heutige Welt bedenken, und dabei haben wir im Westen nur unsere Welt im Auge, dann müssen wir auch das Wesensmerkmal des westlichen Menschen ins Auge fassen. Dieser ist nun einmal auf das jeweilige Ziel, das er sich setzt, konzentriert. Er bündelt seine Kräfte und steuert das an, das er in Besitz nehmen will. Das ist beim Einzelnen so wie im Leben der Nationen, im Politischen wie im Privaten, besonders im Wirtschaftlichen.

Die Welt ist dabei nicht etwa schlechter geworden, sondern wir sind nur mit einem ungeheuren Umwälzungsprozess nicht fertiggeworden. Ich meine die Entwicklung unserer Wissenschaften und den enormen Fortschritt unserer Technik, besonders auf dem Gebiet der Information. Kaum durften wir uns der Autos erfreuen, da reichten schon Straßen und Parkplätze nicht mehr aus. Und so ging es überall.

Betrachten wir die Entwicklung an einem Beispiel: Wollte *Goethe* verreisen, so benutzte er die Postkutsche, die von braven Pferden gezogen wurde. 1.000 Jahre vor ihm ritt *Karl der Große* auf seinem Schlachtross, auch *Cäsar* saß zu Pferde und selbst *Homer* benutzte das Pferd zu seiner Fortbewegung.

Zwischen *Goethe* und *Homer* liegt ein zeitlicher Abstand von über 2.500 Jahren – und von *Goethes* Tod zu uns heute nur eine Spanne von weniger als 200 Jahren. Das heißt, dass innerhalb von vier bis fünf Generationen das Leben auf unserem Planeten in einer ungeheuren Weise revolutionär umgestaltet wurde.

Ich erinnere mich noch der ersten Detektorapparate Ende der zwanziger Jahre. Damals bevölkerten Pferdefuhrwerke ebenso zahlreich unsere Straßen wie die Autos heute!

Der offizielle Start des Fernsehens ist der 31. August 1928. Und nun in einem Zeitraum von ca. 85 Jahren besitzt fast jeder sein Fernsehgerät, sein Handy, seinen Computer. Und Pferde sind nur noch auf der Koppel und beim Rennen zu sehen.

Längst jagen Sonden zu fernen Galaxien und senden aufregende Bilder zurück, haben Menschen den Mond betreten, regieren Computer Wissenschaft und Wirtschaft, besteht die Möglichkeit, durch Gentechnik den Menschen zum perfekt funktionierenden Wesen zu kompensieren.

Und Angst kann einen überkommen vor den Möglichkeiten der winzigen Chips und der perfekten Roboter, aber besonders auch vor der Gefangenschaft des verfügbar gewordenen Menschen.

Und von alledem ahnte vor etwa 100 Jahren noch niemand etwas!

Aber nicht nur die Technik im Bereich des Physikalischen, sondern auch neue Entdeckungen auf dem Gebiet der Organisation reißen uns immer wieder aus den mühseligen Versuchen, zu einer stetigen und ruhigen Entwicklung zu gelangen, in der die zuschanden gekommene Menschenwürde sich behaupten kann.

Aus dem selbstbewussten Handwerker geordneter Zunftzeiten oder gar aus den Bauhütten ist der moderne Arbeitnehmer geworden. Massenproduktion ist das Merkmal unserer Zeit.

Die Produktion aber will genormt sein, und damit stehen wir am Beginn der Schablonisierung unseres Denkens und der zunehmenden Gleichförmigkeit, die dem Leben nicht entspricht. Denn nicht nur die Ware, nicht nur die Dienstleistung, auch der die Maschinen und Apparate steuernde Mensch wurde genormt. Und wir sind nur umso eifriger bemüht, immer phantastischere Ergebnisse zu erzielen – und es wird dabei vollends vergessen, im gleichen Maße nun auch Anstrengungen dafür zu erbringen, das wirkliche Wohlsein der Menschen zu steigern.

In diesem Prozess steckt eine unheimliche Dynamik. Beispiele: Die Maschine zerstampfte in kürzester Zeit die jahrhundertealte Gesellschaftsordnung. Ein Webstuhl ersetzte nicht einen, sondern hunderte von Webern. Die Automation ersetzt tausende von Facharbeitern, und längst ist das Auto nicht nur Ersatz für das Pferd.

Mit der Schreibmaschine verschwand über Nacht der Beruf des Schreibers. Gleichzeitig aber riss diese unscheinbare Maschine einen großen Teil der Frauen und Mädchen aus Heim und Familie und stellte sie ins Büro. Heute sitzen sie hinter den PCs. So griff und greift der Fortschritt tief in das Gefüge der gesellschaftlichen Ordnung ein, und wird es auch weiter tun.

Der menschliche Körper hat sich seit historischen Zeiten so gut wie nicht verändert. Nun beginnt er plötzlich in einer geräuschvollen und von Apparaten gesteuerten Wirklichkeit Spuren von Reaktion zu zeigen.

Der Mitbewerber wird zum Feind, die Nerven sind überreizt, Pessimismus und Depression gehören ins Alltagsbild. Alles Bedrängende wird mit dem Bösen gleichgesetzt, und dieses Böse ist ständige Gegenwart, und zwar um uns herum und – in uns selbst.

Auch besteht Grund zur Sorge, dass relativ anständige Menschen und Gesellschaften sich oftmals feige verhalten, wenn sie sich rücksichtslosen und grausamen Menschen und Gesellschaften ausgesetzt sehen. Kurz – das Böse lauert nicht nur außer uns, es lauert auch im Innern, in einem jeden von uns.

- Wie kann man aber human sein und gleichzeitig versuchen, das Negative, das Gemeine, das Hemmungslose zu bekämpfen?
- Wie können wir gegen Fanatismus kämpfen, ohne selber fanatisch zu werden?
- Wie können wir aus der Geschichte Nutzen ziehen und gleichzeitig die giftigen Auswirkungen einer Überdosis Geschichte vermeiden?

Nachdem die überlieferte Form kirchlichen Lebens der neuen Entwicklung auf fast allen Gebieten kaum noch Ewigkeitswerte entgegenzustellen vermochte, traten Arzt, Psychologe und Funktionär auf den Plan. Neue Seiten menschlichen Unterbewusstseins mussten angeschlagen werden, und damit näherten sich neue Gewalten dem Menschen unseres Zeitalters. Werbe- und Propagandamanager und die Funktionäre der arbeitenden Massen wurden die Liturgen der neuen Zeit, ganz davon abgesehen, dass eigentlich der Zweite Weltkrieg mit mehr als 50 Millionen Toten schrecklich genug gewesen sein müsste, um künftig keinen Krieg mehr zu wagen. Eigentlich ...

Mit Schaudern erkennen wir, dass sich dies alles unter den ständigen Bemühungen um Toleranz und Humanität vollzog. Wie der Mensch die Technik aufzog, wollte er die Natur ersetzen, ja, ausbeuten. Die Wirtschaft bekam die Mittel in die Hand, die lawinenhaft gesteigerten Bedürfnisse zu befriedigen. Ordnungen wurden herausgebildet, um Staaten der verschiedensten Form zu verwalten, um selbst die Trotzigen und Einsamen noch einfügen zu können. Und die Mittel zu diesen Zielen sind ins Unendliche vermehrt worden – aber ihren wahren Zielen ist die Menschheit kaum nähergekommen. Die Wissenschaft hat auf dem Wege der Aufklärung die Wirklichkeit weiter und weiter durchdrungen, aber, was Wahrheit ist, darüber ist die Menschheit nur unsicherer geworden.

Der Staat ist als Hüter der Freiheit seiner Bürger zu ihrem gefährlichsten Bedränger geworden. Die Wirtschaft hat die Not nicht überwunden, sondern immer zugleich auch neue Not geschaffen.

Einst versuchte die Kirche die erkannte Entwicklung aufzuhalten und die Entdeckung von *Galilei* und *Kopernikus* rückgängig zu machen. Aber längst haben Forschung und Technik und Wirtschaft ihre Eigengesetzlichkeit. Und rücksichtslos treibt der Mensch die Entwicklung voran, nicht dessen achtend, dass er sich in immer größere Abhängigkeiten verliert. Was bedeuten heute noch Sammlung, Muße, Gebet, ja, was bedeutet unsere Tempelarbeit, wo wir getrieben sind von der Notwendigkeit der Mehrung unserer Möglichkeiten, der höheren Tourenzahl und der Steigerung auf allen Gebieten.

Seltsam: Der Mensch treibt und knechtet sich selbst. Etwas im Innern zur Reife kommen lassen? Nach Geist und Seele

Abstand gewinnen von dem, wovon wir getrieben werden? Keine Zeit!

Es gibt Wichtigeres – meint man, und die Selbsterkenntnis bleibt ganz hinten. Vor der Jagd nach Perfektion und dem Mehr-sein und dem Mehr-haben-Wollen, vor der Lust, fehlerlos zu funktionieren, wird die eine Aufgabe übersehen: Die Lebensaufgabe an sich selbst, an meinem Nächsten, am bedürftigen Fremden – auch am Bruder.

Unsere Vorväter versuchten noch, über dem Getriebenwerden zu stehen. Teile dir deine Zeit ein, war ihr Wort, und sie bedienten sich dazu des Symbols des 24-zölligen Längenmaßes.

Arbeit und Schlaf, Nächstenliebe und religiöse Muße sollten im Gleichmaß gehalten werden mit dem alleinigen Sinn, dem Wohl des Menschen zu dienen.

Nun ist allen Menschen seit eh und je eines zu eigen: Sie suchen das Glück und die Vollkommenheit. Sie lesen und lernen, sie arbeiten und kommen auch voran, aber je älter man wird, desto mehr schleicht sich Resignation ein, und das Gefühl macht sich breit, dass das, was man erreichen wollte, nicht erreichbar sein wird, und das Bewusstsein, die Ideale der Jugend nicht verwirklichen zu können, enttäuscht und macht elend.

Die unsichtbare Flagge hatte der Hamburger Arzt *Peter Bamm* sein Buch betitelt. Der Inhalt spielt im Ersten Weltkrieg, und viel wird daraus berichtet, aber das Wesentliche war dem Autor, dass zwischen all den Greueln kaum sichtbar die „Flagge der Humanität“ wehte. Auf jene kleinen menschlichen Hilfen und Freundlichkeiten, auf die Verbrüderungsmomente kommt es an, heute mehr als früher. Und diese Freundlichkeiten und Hilfen, der gute Zuspruch und der eigene Verzicht zu Gunsten des anderen, das muss zur

Direktive meines – unseres – Lebens werden. Ich sage: Freimaurer müssen an ein Glück auf dieser Erde glauben, denn sie sind von denen, die das Leben nicht für einen sinnlosen Betrug halten.

Und wir wollen daran glauben trotz der seelenwürgenden inneren Armut in den Großstädten und in den Hungergebieten dieser Welt, trotz der Beschränktheit und Maßlosigkeit dort, wo Massen sich zusammenrotten.

Wir Freimaurer wollen ausgehen, trotz allem und immer wieder das Glück zu suchen, es zu erstreben, mag die Mitwelt uns als die Narren von gestern belächeln. Wir wollen von denen sein, die das nicht für Glück halten, was auf der Spielbühne des Lebens als solches gepriesen wird: Ehrungen, Besitz, Macht – sie sind nur Spiegelungen an der Oberfläche, und nichts ist gewisser als ihre Ungewissheit.

Wir wollen für Schein halten, was nur Schein ist – und fallen uns materielle Güter zu, so lasst uns nicht überheblich sein, sondern sie tragen, als hätten wir sie nicht.

Wir Freimaurer sind von denen, die das wirkliche Glück suchen, nicht das kleine Los, mit dem man es flüchtig und ohne Mühe zu erhaschen sucht, sondern wir wissen dies: Glück ist immer ein Werden, ein Wachsen und Reifen, nie ein Fertiges, ja, Glück ist die jubelnde Gewissheit des inneren Gewinns.

Dessen lasst uns in dieser Stunde gewiss sein. Wie sagte doch *Johann Wolfgang von Goethe*: „Wer Großes will, muss sich zusammenraffen. In der Beschränkung zeigt sich erst der Meister, und das Gesetz nur kann uns Freiheit geben." Und mit Gesetz meinte er das gereifte, gefestigte Gewissen.

Auch die großen Denker haben zu ihren Göttern gesprochen: „Nehmt mir, wonach ich trachte, und gebt mir, was ich meide, und ich kann dennoch glücklich sein.“ Ziehen wir so auf den Straßen unseres Lebens, pochen wir so an verschlossene Pforten verdunkelter Herzen und Sinne, dann – meine Brüder – sind wir die Weisen von morgen, die Bauleute einer wahrhaft Königlichen Kunst, immer bei der Arbeit an sich und im Dienst für andere – Herren und Diener der Humanität.

Wir sollten stets aus geübter Erkenntnis um unseren eigenen Stand zur Sonne wissen, aber das darf uns nicht hindern, die Morgenröte so schön wie je zu finden.

Von *Goethe* stammt auch der Vers:

> “Es rufen von drüben die Stimmen der Geister,
> die Stimmen der Meister:
> Vergesst nicht zu üben die Kräfte des Guten!“

Zu üben! So wollen wir denn bestrebt sein, Vorteile maßvoll zu nutzen, zu teilen und unermüdlich nach Wegen zu suchen, die geeignet sind, Gegensätze zu mildern, Spannungen zu mindern und uns mutig den Problemen der Gegenwart zu stellen.

Wir wollen als Freimaurer – bewusst als Freimaurer – ausgehen, die verdunkelte Existenz um uns her zu erhellen. Nicht, indem wir uns in schwärmerischer Verehrung an alte Ideale klammern, sondern uns kritisch und tätig im persönlichen Wachsein üben.

Das möchte ich mit einem Bild deutlich machen: Sie gingen am Seeufer entlang, und der Freund erzählte von höchst wundersamen Begegnungen, ganz aus dem Unscheinbaren waren sie gekommen, aber ihre Leuchtkraft war groß. An einer Wegbiegung sah der Freund dem Erzähler in die Augen und wusste: Es ist kein Wunder, dass dies alles dir begegnete, denn du bist bereit. ***Bereit*** – wozu?

Bereit dazu, das Gesetz der Verschwendung von Toleranz und Nächstenliebe zum Gesetz Deines Handelns zu machen. Der ängstlichen und falschen Herzenssparsamkeit den ganzen Abschied zu geben.

Bereit, das Gedächtnis zu üben in der Aufmerksamkeit der Seele und jene Phantasie zu entwickeln, die den anderen Menschen nicht nur als den sieht, der er heute gerade ist, sondern immer zugleich als den, der er gestern war und der er morgen sein könnte – sein könnte – auch durch meinen brüderlichen Beistand. Denken wir an den Aufruf in der ZAUBERFLÖTE: „Und ist ein Mensch gefallen, führt Liebe ihn zur Pflicht!"

Bereit endlich zu der Einsicht, dass es nicht nur auf die großen, die außerordentlichen Dinge ankommt, sondern auf die kleinen, die unscheinbaren Bemühungen, auf die Andeutungen und herzlichen Versuche.

Auf den Gruß im Vorübergehen, auf die Viertelstunde, die du dem anderen widmest, obwohl du eigentlich keine Zeit hast, ja, auf den Platz, den du dem anderen freimachst, dass ein Moment der Dankbarkeit aufsteigen kann, dass du den eigenen Vorteil preisgibst, um den anderen glücklich zu sehen. Dann nämlich tritt ein Zauber ein: Du selbst spürst das Glück. „Glücklich ist, wer glücklich macht", das sagten schon unsere Großeltern.

Bereit endlich auch dazu, dass es von Mensch zu Mensch nicht nur Wege des Wortes, sondern auch Pfade des Schweigens und der tragenden Geduld gibt.

Selbst im schwierigsten Gegenüber steckt immer zugleich ein heimlich Bedürftiger, im Gepanzerten ein Verwundbarer – und den ganz Ungelösten befreie man zu sich selbst, indem Bruderliebe ihn wärmt und Vertrauen ihn mutig überschätzt.

Liebe Brüder! Versucht nie, den anderen zu meistern. Es ist Menschenart zu verwüsten mit dem, was sie unbedingt wollen.

Wolle nicht beherrschen, wolle nicht ausforsten! Besinne dich, dass dein Lebensweg dich nicht nur durch blumige Auen führt, sondern dass da Wüsten kommen, die du als Bruder durch Arbeit und Verzicht und durch pflegliche Liebe in fruchtbares Land verwandeln sollst.

Das nenne ich freimaurerisches Wirken heute. Ohne Pathos, ohne Ehrensitze im Osten oder sonstwo, ohne Ehrenzeichen und Bänder.

So wollen wir uns heute aufmachen zur Rückkehr zum Eigentlichen der Freimaurerei, von der *Lessing* sagte, dass sie notwendig sei und schon ewig bestehe.

Lasst uns als die bewusst Reifenden durch unsere Zeit schreiten, nicht klagen, sondern so leben, dass andere sich daran orientieren können. Alles reift unter Sonne und Regen – und alles fällt eines Tags in die erntende Hand.

Freimaurerei will verwirklicht sein, und es ist an uns – jeder auf die ihm mögliche Weise – dies auch täglich zu tun.

Die Politik wieder zur Moral führen

Freimaurerei entstand aus der Flucht und der Rettung vor der Despotie der absolut Regierenden, seien es weltliche oder geistliche Machthaber gewesen.

In der Freimaurerei konnte daher das formuliert werden, was zu den unabdingbaren Menschenrechten gehört, und Freimaurerei ist durch ihre Bundesmitglieder überall dort gefordert, wo diese Grundrechte verletzt oder gar beseitigt werden.

So stehen die persönliche Freiheit des Einzelnen und die Anerkennung des anderen Menschen und seiner Meinungen im Mittelpunkt freimaurerischer Lebenshaltung, mithin also eine im rechten Sinn gemeinte Liberalität. Damit ist nicht liberal im Sinne einer politischen Partei gemeint, vielmehr Liberalismus als Geisteshaltung, als Lebensauffassung.

Alles Geistige kann nur im Widerspruch existieren, nur durch Widerspruch lässt sich die Wahrheit finden. Dort aber, wo die Wahrheit diktiert wird, ist Widerstand nötig, nicht nur gegen die Macht absolut Regierender, sondern auch im Gegenhalten gegen die herrschenden Moden der Zeit, wozu vor allem die Ideologien zu zählen sind, gleichgültig, ob es sich um kirchliche Orthodoxien, Freudsche Monokausalität oder um neomarxistische oder neofaschistische Bewegungen handelt. Das Wesen „unseres Liberalismus“ zeigt sich darin, dass wir abweichende Ideen nicht als Ketzerei diffamieren und Kritik an Bestehendem nicht als Ketzerei verfolgen, sondern dass wir die Minderheiten schützen und eine Offenheit zum Gegensätzlichen praktizieren. Freimaurer nennen das Toleranz.

Für einen in dem Sinne liberalen Freimaurer kann nicht der Wille zum Bewahren an erster Stelle stehen, so sehr er auch die lebendig erhaltene Tradition achtet. Er muss im Gegenteil immer wieder alles von Neuem durchdenken, es verwandeln, fortführen, um im Einklang mit der Geschichte zu bleiben, die ja keinen Zustand darstellt, sondern ein fortwährender Prozess ist. Auch die Dogmen und Heilsbotschaften der Fundamentalisten sind unsere Sache nicht, denn für Freimaurer gibt es kein System, das einen befriedigenden Endzustand garantiert.

Noch ein Grundsatz gilt bei den Freimaurern: Jeder muss wissen, dass es nicht so sehr auf das Ziel ankommt, weil schließlich jeder meint, das richtige Ziel vor Augen zu haben. Dass vielmehr alles von den Methoden und der Art und Weise abhängt, mit denen ein Ziel erreicht werden soll. Das wissen wir nur zu gut, verwenden Freimaurer doch auch ihre „rituelle Methode", um dem Ziel näher zu kommen.

Noch jede Revolution begann mit dem Versprechen, die große Freiheit zu bringen, und endete allzuoft damit, dass aus den Befreiern Unterdrücker wurden.

Freimaurer werden sich daher nicht beklagen, wenn in ihren Reihen mal konservative, mal liberale, mal linksgerichtete Meinungen auftreten. Es gilt anzuhören, nicht gleich abzuschalten! Mitzudenken und nachher Kritik zu äußern, wenn nötig auch scharfe, aber immer im brüderlichen Geist!

Wir erleben in letzter Zeit, dass sich Enttäuschung und Abwendung von der Politik der Parteien entwickelt.

- Da gab es Gewerkschaftsführer, die als Abgeordnete im Bundesparlament saßen, denen Korruption nachzuweisen war.
- Da gab es Parteieinrichtungen auf allen Seiten, wo dem Finanzamt Steuern hinterzogen wurden.

- Da gab es Affären, und bei den Debatten im Bundestag erlebt der Fernsehzuschauer, dass die Mehrzahl der Abgeordneten nicht an ihrem Platz ist, und die Abstimmungen erfolgen dann nur durch eine Minderheit, bzw. die Abgeordneten bleiben so lange den Verhandlungen fern, bis es zur Abstimmung kommt. Dann strömen sie herein und wählen so, wie es in der Fraktion zuvor beschlossen wurde. Man hört sich also die Argumente des anderen gar nicht erst an, weil längst zuvor beschlossen wurde, wie abzustimmen ist.

Das kann der Demokratievorstellung des Wählers nicht entsprechen!

Es genügt nicht zu wissen, dass wir in einem Rechtsstaat leben, denn in jeder Demokratie schlummern antidemokratische Tendenzen. Kommen sie von rechts, so geht es meist um die Verherrlichung des eigenen Staates auf Kosten der bürgerlichen Freiheiten. Die Freimaurerei hat das während des Dritten Reiches selbst erlebt. Naht die Gefahr von links, so wird die Freiheit meist durch eine zu extensive Auslegung bedroht.

Das bloße Funktionieren der Demokratie allein genügt nicht! Menschen sind nun einmal unbeständig und verführbar, und noch so gute demokratische Institutionen nutzen wenig, wenn die Qualität unserer Volksvertreter ihnen nicht entspricht.

Diese immerzu fordernde Qualität hängt aber von dem gesamtgesellschaftlichen Klima ab, also von der Gesittung und der Gesinnung der Bürger, und genau hier ist der Ansatzpunkt für die Freimaurer, denn das Erstreben einer sittlichen und vorbildlichen Lebenshaltung ist seit jeher deren Anliegen.

Weithin lässt diese Gesittung in unserer Bundesrepublik zu wünschen übrig. Ein Niedergang nicht nur der Sprache, sondern auch der bürgerlichen Sitten und des staatsbürgerlichen Anstands, ist zu beklagen.

Gewiss, nach dem Kriege wurden alle Energien nur auf den Wiederaufbau gerichtet, auf Produktion, auf Konsum, und so wurden moralische und geistige Wertmaßstäbe immer mehr in den Hintergrund gedrängt, bis sie fast in Vergessenheit gerieten.

Das Motiv für jeden Niedergang ist aber immer wieder das gleiche: Habgier. Wie heißt es in den beiden letzten der zehn Gebote: „Du sollst nicht begehren ...!“ Geld ist heute das, was die Menschen am meisten interessiert. Geld als Instrument der Macht, als Tor zu Wohlstand und Luxus, Geld auch als Maßstab für Leistung und Ansehen. Und dann dürfen wir uns nicht wundern, wenn so viele Korruptionsfälle vorkommen. Ob es bei den Politikern daran liegt, was *Theodor Eschenburg* in seinem Buch SPIELREGELN DER POLITIK so beschrieb:

> „Warum hat es im Kaiserreich 1871 bis 1918 kaum parlamentarische Korruptionsfälle gegeben und in der Weimarer Republik 1918 bis 1933 sehr viel weniger als heute?
> Ein Grund ist, dass bis 1908 nicht einmal Diäten gezahlt wurden und dass diese auch nach 1918 relativ niedrig waren. Von Abgeordneten-Pension war überhaupt nicht die Rede.
> Der heute überwiegende Typ des Berufspolitikers hingegen verlangt und erhält unvergleichlich viel mehr Geld als sein Vorgänger vor 1933. Die Kehrseite dieser berechtigten Diäten- und Pensionsregelung ist, dass sich bei labilen Naturen ein Verlangen nach Versicherung gegen Mandatsverlust und nach Entschädigung für diesen Verlust einschleichen kann. Solche Sicherheit ist ohne Korruption nicht möglich.“

Die Aufgabe der Freimaurerei ist heute nicht weniger dringend als zur Zeit der Aufklärung. Die Gefährdung der Persönlichkeit wird größer. Die durch den menschlichen Intellekt entfesselten Kräfte sind kaum zu bändigen und erzeugen Angst. Manche Menschen empfinden diese Bedrohung so sehr, dass sie es für unverantwortlich halten, Kinder in diese Welt zu setzen.

Menschliches Umherirren und Unsicherheit überall.

Es wird nur allzu deutlich, dass nicht die Themen und Ziele der Freimaurer überholt sind, sondern dass fraglich ist, ob die bisher geübte stille Zurückhaltung der Freimaurer gegenüber den unbewältigten Lebensfragen unserer Gesellschaft noch angebracht ist.

Ganz gewiss ist, dass durch die Freimaurerei Feindbilder abgebaut werden. Und das ist schon viel.

Und ganz gewiss ist auch, dass in der Loge das einzelne Mitglied zu Selbstbeherrschung und Änderung seines Charakters gereizt und angeleitet wird. Ganz unmerklich, ganz unbewusst, aber wirksam.

Und so geschieht denn wirklich etwas in den Logen. Zwar ist das nicht medienwirksam und erreicht kaum das öffentliche Interesse. Aber es passiert etwas, etwas zum Guten!

Denn: Ändert ein Freimaurer sein Wesen zum eigenen, wie zum Guten seines Umkreises, so ändert er die Welt, zumindest die, auf die er Einfluss hat.

Das WIE unserer Handlungen ist entscheidend

Wer meint, Freimaurerei hänge mit Vollkommenheit zusammen, und in den Logen müsse man deshalb auch nur vorbildlichen Menschen begegnen, der hat das Wesen der Freimaurerei nicht begriffen.

Der weiß nichts über den eigentlichen Zweck der Freimaurerei. Alles auf dieser Welt unterliegt einem fortlaufenden Wandel. Nichts ist bleibend, endgültig.

Es wird heute viel von Bildung gesprochen. Was man mit dem Begriff „Bildung" eigentlich meint, wurde noch nicht definiert.

Tiere kann man dressieren, aber nicht bilden; Menschen sollte man bilden, aber nicht dressieren. Wer Menschen dressieren will, weitet die eigene Macht in unmenschlicher Weise aus, ist ein Diktator, ein Unmensch. Menschen sollte man bilden, nicht dressieren.

Was heißt das?

Tiere sind von Natur aus fertige Gebilde. Naturgemäß sind und können sie alles, was zu können und zu sein ihnen zusteht. Menschen jedoch sind unfertige, keimhafte Lebewesen, die vielfache Ebenen und Schichten durchlaufen müssen, um ganz das zu sein und zu können, wozu sie zwar ihrem Wesen nach veranlagt sind, wohin sie aber nur durch Erziehung gelangen können. „Bilden" ist aber mehr als bloßes Unterrichten und Belehren. Erziehung und Unterricht sind erst dann bildend, als sie das keimhafte Menschenwesen, also die gedankliche und moralische Mündigkeit, entwickeln.

Dem dienen die Schulen mit ihren Klassen, dem dienen die Entwicklungsstufen des arbeitenden Menschen, dem dient die Freimaurerei mit ihren Graden.

Innerhalb unseres Weltalls sind wir Menschen durchaus bevorzugte, also elitäre Wesen. Wir sollten uns also keineswegs scheuen, auch innerhalb der Menschheit von Eliten zu sprechen und, wenn wir schon nicht alle Menschen zu Eliten machen können, dies doch – auf unsere freimaurerische Weise – wenigstens versuchen, statt im Namen angeblicher Gerechtigkeit und völlig falsch verstandener Gleichheit uns gegen die Entwicklungsmöglichkeiten des Menschseins zu vergehen.

Sowohl *Freud* wie *Marx* kennen nur den naturhaften Menschen mit seinen Bedürfnissen und Trieben. Diesem nach *Marx* „naturwüchsigen“ Menschen wollen sie – freilich in verschiedener Weise – lediglich zur Befriedigung seiner Bedürfnisse verhelfen. Aber sowohl *Freud* wie *Marx* vernachlässigen gänzlich die Entwicklungs-, Bildungs- und Veredelungsmöglichkeiten des Menschen, wie sie durch Belehrung, Beispiel, Selbsterkenntnis und symbolisches Ritualspiel bewirkt werden können.

Nun liegt es im menschlichen Wesen, sich nicht nur für das Gute zu entscheiden, sondern auch für das Schlechte, und es liegt ebenso im Wesen des Menschen, das Gute zu wollen, es aber nicht zu vollbringen, im Gegenteil, mitunter geradezu das Falsche zu befördern. Dafür sind wir in den Logen leider nur allzuoft Zeuge.

Aber warum gibt es denn Freimaurerei?

Weil wir alle fehlbar sind, weil wir das falsch machen, was wir wollen, weil wir allzuoft eitel, neidisch, egoistisch und machtlüstern sind. Wir führen zwar immer wieder die hohen Tugenden wie Humanität, Toleranz, Bruderliebe im Mund, aber wenn es darauf ankommt, dann rücken diese Tugenden in den Hintergrund und die niederen Triebe treten in den Vordergrund.

Alle Übel dieser Welt sind so zu verstehen.

Weil es Nichtverstehen, Ungeduld und mangelnde Nächstenliebe gibt, sind wir Freimaurer. Wir suchen durch Selbsterkenntnis uns zu verstehen und dadurch auch zum Verzeihen dem anderen gegenüber reif zu werden.

Wer meint, in den Logen dürfe es nichts Häßliches, nichts Ungutes geben, der irrt über den Zweck unseres Bundes. Gerade weil es soviele Unzulänglichkeiten in unserem Wesen gibt, muß es eine Freimaurerei geben, die uns in gemeinsamem Streben dazu verhilft, mit den Problemen fertigzuwerden. Wo der Bruder fehlte, da darf der andere nicht kritisieren, sondern muß still dazutreten und Abhilfe schaffen. Wo der andere sich als zu eitel erwies, da darf er nicht gerügt, sondern muß still beschämt werden. Und wo der Bruder uns beleidigt, da muß man an sich arbeiten, daß man ihm wieder vergeben kann.

Wer unter uns wäre wohl ohne Fehl?

Es kommt – und das wollen wir heute in uns aufnehmen – nicht auf das an, was wir tun, sondern einzig und allein, w i e wir etwas verrichten.

Das W I E seiner Handlungen weist einen Freimaurer aus.

Und dieses W I E seiner Handlungen sucht immer wieder und wieder, dem anderen möglichst gerecht zu werden, ihn anzuerkennen, ihn zu fördern, ihn gleichsam zurechtzulieben, niemals zurechtzukorrigieren.

Denn dem Bruder gehört nicht unsere Kritik, sondern unsere Liebe. Kritik haben wir uns selbst gegenüber anzuwenden. Dafür gibt es Gründe genug.

Mehr Vertrauen und mehr Anstand

Es war in den Logen Sitte, dass vor 200 Jahren das Fehlverhalten gegenüber einem Bruder mit Geldstrafe belegt wurde. Alle Verstöße gegen die Regeln des Anstandes wurden geahndet! Die strengen moralischen Vorschriften für alle Logenmitglieder wurden im Jahre 1792 erlassen, und die sogenannte „Strafbüchse" stand auf dem Tisch des Schatzmeisters, damit Verstöße gegen den Anstand – wie Fluchen, Geschwätzigkeit, dem Bruder in die Rede fallen, unordentliche Kleidung – sofort handfeste hamburgische Schillinge kostete.

Das war die Zeit, als der geniale *Friedrich Ludwig Schröder* die Devise ausgab: „Brüder, haltet ständig Ausschau, wo ihr Gutes tun könnt. Aber – wenn ihr Gutes getan habt, dann sollt ihr nicht darüber sprechen oder euch gar brüsten. Man tut Gutes um des Guten willen!"

Und er sagte damals auch: „Wir haben in unseren Logen – auf unseren symbolischen Baustellen – Anwälte für Anstand und Rechtschaffenheit heranzubilden, weil wir nicht zulassen können, dass Menschen zu Wesen verkommen, die nur noch den Profit kennen!" Wie modern das klingt!

Auch wir Freimaurer heute haben stets zu warnen vor einer unwürdigen Raffgesellschaft. Wir brauchen uns heute nicht mehr gegen blinden Autoritätsglauben zu wenden, sondern heute soll man den Freimaurer an seinem sittlichen Verhalten mehr erkennen als an Zeichen Wort und Griff. Das gute Verhältnis zum Mitmenschen setzt Anstand voraus und den ständigen Kampf gegen jede Art von Vorurteil. Wir haben jedem Mitmenschen gegenüber Vertrauen zu beweisen, welcher Herkunft er auch sein mag. Dieser Andere hat das gleiche Lebensrecht wie ich.

Anstand, das ist ja nicht nur das sogenannte gute Benehmen, sondern eine positive ethische Ausrichtung zu einem besseren Miteinander. Das Sein muss mehr gelten als das Haben. Unser durch das Ritual geprägte Handeln folgt eigenen Gesetzen. Bei uns soll es auf den Inhalt und nicht auf die Verpackung ankommen!

Baustellen besonderer Art?

In der Tat betreiben wir Baustellen besonderer Art: In der rituellen Arbeit soll die Loge zu etwas werden wie ein Fingerabdruck des Himmels, und der göttliche Daumen ist ganz und gar eingefärbt von dem großen Licht. Wenn die Loge rituell geöffnet wird, dann ist das, als wenn ein Weg sich auftut über den Weltenrand hinaus – von Westen bis Osten, von Norden bis Süden.

Freimaurerei ist absolut nichts Antiquiertes, sondern etwas höchst Gegenwärtiges. Wir pflegen auf unsere Art eine größere Wahrheit, als sie die Weltvernunft zu bieten vermag. Freimaurerei teilt etwas mit, was nicht vordergründig vorhanden ist. Wir lassen uns bei unseren Arbeiten auf etwas ein, das nicht begrenzt ist. Von West nach Ost. Eine total durchrationalisierte Welt reicht nämlich nicht aus, um wirkliches Menschsein zu gewährleisten. Und unsere Ideale sind doch wirklich keine vorweggetragene Monstranz.

Wir stehen vor einer viel größeren Aufgabe als unsere maurerischen Vorfahren: Wir müssen unermüdlich daran arbeiten, die wachsende Kluft zwischen unserem wissenschaftlichen Fortschritt und unserer Moral zu überbrücken. Wir leiden an einer Armut des Gemüts, was in einem schreienden Gegensatz zu unserem wissenschaftlichen und technologischen

Überfluss steht. Je reicher wir materiell geworden sind, desto ärmer wurden wir seelisch und unsicher moralisch. Achtung vor – und Anstand zueinander haben wir weithin abgewertet. Wir Freimaurer aber haben deren Aufwertung zu betreiben!

Rasant wie nie zuvor verändert sich unser Leben. Und die Wirtschaft gibt den Takt an. Börsenfieber, Globalisierung und Internet, Genforschung und -nutzung, wo bleibt der Raum für Mensch, Kultur und Lebenssinn?

Und keiner von uns will diese Entwicklung stoppen, aber das Schlimme an dieser Konzentration auf das Ökonomische ist, dass das Humane an den Rand gedrückt wird. Muss erst eine Katastrophe kommen, die Menschen wieder auf das Maß des Menschseins zurückführt? Sollte Karl Marx Recht behalten, dass das Ganze im Monopolkapitalismus endet? Wohin führt diese merkwürdige Informationsgesellschaft, in der man in derselben Minute in Moskau wie in New York die gleichen Nachrichten empfangen kann? In der zwei Menschen in Hamburg und München ein Unternehmen gründen und führen, ohne persönlichen Kontakt miteinander zu haben?

Das Solidaritätsgefühl muss schwinden, wenn die Menschen immer weniger zusammenkommen. Das Kommunizieren darf aber nicht nur von Computer zu Computer erfolgen, sondern notwendig von Angesicht zu Angesicht. Ein nur auf den Computer zugeschnittenes Leben lässt vereinsamen und die Menschlichkeit immer seltener werden. Es muss der Mensch die Herrschaft über das System übernehmen, und dabei können Freimaurer ganz Wesentliches tun.

Wir brauchen eine neue Freimaurerei, und diese neue ist haargenau die alte. Nur ist heute für uns das Abenteuer Menschlichkeit ein weitaus gewichtigeres als damals. Die Zeit fordert uns, also stellen wir uns.

Was sich nicht rechnet, das wird nicht gemacht.
Was soll ich von einer Gesellschaft halten, in der Entlassungswellen mit steigenden Aktienkursen belohnt werden? Wo die Managergeneration sich nur noch für die Börsenentwicklung ihrer Unternehmen interessiert und für sonst nichts. Das ist menschenverachtend! Ein Betrieb ist nämlich keine Sammelstelle für Kapital. Da arbeiten Menschen.

Wir haben mit darauf zu achten, dass in der allgemeinen Hysterie um Internet, Aktien und Globalisierung nicht ein furchtbares, neues Menschenbild entsteht, von einem Menschentyp, der keine Bindungen mehr hat, keine Verantwortung mehr übernimmt und nur noch für sich selber lebt. Dem setzen wir unsere Forderung nach mehr Anstand und mehr Vertrauen in den Menschen entgegen.

Die Bewältigung der großen Probleme ist eine Frage der Ethik. Es ist ja nur der Mensch, der ein Problem zur guten oder schlechten Lösung bringen kann. Also muss auch der Mensch in den Mittelpunkt der Bildungsbemühung gebracht werden, wie er es einmal war. Der Mensch muss gebildet und mit Entschlossenheit gewürdigt werden. Und eine solche Bildungsstätte sind unsere Logen in unserem Bruderbund, diesen einzigartigen Baustellen hoher Menschlichkeit! Wir schulden einem jeden Anstand und wollen ihm wegen seiner Würde als ein einmaliger Mensch mit Vertrauen begegnen.

Wir leben heute in einer auffällig formloser werdenden Zeit und Welt. Wir erleben Auflösungserscheinungen der Ehe und der Familie, der Sitten und Traditionen, des Rechts und der alten Ordnungen, des Staates wie der Kirchen. Und mit dem Verfall dieser Formen geht auch zunehmend ein Verlust der Würde des Menschen einher.

Als Verursacher wie als Betroffener beginnt der Mensch, wegen dieser bedrohlichen Entwicklung nachdenklicher zu werden und zu begreifen, dass die überflüssig geglaubten Werte von einst wohl doch für die Zukunft etwas bedeuten könnten. Mehr Anstand und mehr Vertrauen, das wird insgeheim herbeigesehnt, und wir sollten dazu die greifbaren Beispiele liefern.

Wie sollten sich die Betreiber einer Renaissance von mehr Anstand und mehr Vertrauen untereinander verhalten?
Anfangen müssen wir damit, dass unsere Welt vergiftende Vorurteile, dieses Vorverurteilen aus unserem Leben verschwindet, und die Einstellung, dass an allem Unguten immer der andere Schuld sei. Diese Haltung geht aus einer im Menschen vorhandenen Einstellung hervor, sich von Schuld befreien zu müssen in der Annahme, durch die Schuldzuweisung auf andere selber frei und fleckenlos zu sein.

Das ist aber ein Fehler, das ist falsch. Wer die Schuld einem anderen zuweist, der beseitigt diese nicht, sondern ruft nur ganz und gar unnütze Auseinandersetzungen und Gegnerschaft hervor. Lautet unsere erste Forderung nicht: Erkenne dich selbst? Das heißt, suche immer zuerst bei dir selber, wo an dir Schuld, zumindest Mitschuld vorhanden sein könnte. Nicht die Arbeit am rauen Stein des Mitmenschen, des Mitbruders wird verlangt, sondern ausschließlich die am eigenen, ach so oft rauen und ungefügten Stein.

Will ein Freimaurer diese Welt auch nur ein geringes Bisschen bessern, dann fange er mit der Fehler- und Mängelsuche immer erst bei sich an.
Das fördert ein merkwürdiges Ergebnis zu Tage: Man bekommt unmerklich ein eigenartiges und froh stimmendes Lebensgefühl von Freisein.

Umdenken in die Tat umsetzen
Nehmen wir uns nicht die Verhaltensweise der Politiker zur Richtschnur: sie müssen nun einmal den politischen Gegner

und dessen Argumente madig machen. Wir aber betreiben die Bildung einer Lebenshaltung, die auf Verbrüderung aus ist, und von dieser Zielsetzung her muss auch jeder Bruder mit der Schuldsuche bei sich selbst anfangen. Das macht innerlich frei und bahnt den Weg zur Freundschaft.

Er kann bei sich mit dem Umdenken anfangen, er kann dieses Umdenken in die Tat umsetzen, er kann mit seiner sittlichen Haltung auf seine Umwelt einwirken – und er kann auch etwas bewirken! Freimaurerei – wirklich betrieben und ausgelebt – vermag viel. Der eine hat mehr, der andere hat geringere Möglichkeiten. Wir alle aber können etwas bewirken!

Es ist mitunter schwer, sich seinen Optimismus zu erhalten und nicht zum Fatalisten zu werden. Die Globalisierung und die Megalisierung der Wirtschaft sind unheimlich.

Da werden ökonomische Energien gebündelt, wie es sie in der Geschichte noch nicht gegeben hat. Da wirken Kräfte, die mit einem gigantischen Druck nach Profit drängen und die einzig und allein an den Egoismus der Menschen appellieren. Diese Macht der Wirtschaft ist nun einmal nicht abwählbar, und daher nimmt sie auch keine Rücksicht auf den Menschen. Hauptsache Gewinn und Dividende stimmen: und die Macht verteilt sich auf immer weniger Konzernlenker.
Und auf der anderen Seite leben wir in einer Zeit, in der die Technik den Menschen in eine Vereinsamung führt, wie sie kaum schlimmer sein kann. Da tut Freimaurerei not, und wir dürfen trotz allem nicht aufhören, diese Welt menschlicher zu machen. Dazu sind wir doch da!

Toleranz – Spielraum für das Leben

Im Jahre 1905 wurde bei dem fränkischen Städtchen Streitberg von einem Geheimrat *Bing* Deutschlands größte Tropfsteinhöhle entdeckt. In den dreißiger Jahren erschloss man sie den Touristen, baute von Höhle zu Höhle, an Stalagmiten und Stalagtiten vorbei, einen Weg und legte elektrisches Licht in einen Höhlengang, der Jahrmillionen hindurch in kaltem Dunkel gelegen hatte.

Was geschah?

Licht und Wärme sind die Spender des Lebens, und siehe da, überall wo seit rund Jahren elektrische Glühbirnen Licht und Wärme ausstrahlen, da zeigen sich grüne Moosansammlungen – Zeichen von Leben dort, wo riesige Zeitspannen hindurch Kälte und Dunkel eine Zone des Todes geschaffen hatten.

Wie jede Pflanze sich nach dem Licht ausstreckt, so sucht auch der Mensch. Und was das Licht für die Augen, das ist die Wahrheit für den Geist.

Freimaurerlogen sind Übungsstätten, sich selbst und das Leben zu erkennen. Lehrsatzlos, allein durch rituelle Konfrontation mit Symbolen ist der Freimaurer beständig Teilnehmer am tief erlebten Wissen der Menschheit um die Einheit der Schöpfung in Leben und Werk der Menschen.

Das allein – nämlich das Erfassen des Lichts über sich und das Leben – läßt noch kalt und reicht nicht aus. Das zweite

Licht der Freimaurerei ist nötig, das, weshalb ihre Mitglieder sich Brüder nennen: die Brüderlichkeit, die Nächstenliebe, das soziale Verhalten um des Mitmenschen willen, kurz die Wärme.

Licht und Wärme ergeben jenen Spielraum für das Leben, in dem der Mensch – gleich welcher Herkunft, gleich welcher Religion, gleich welcher Partei, gleich welchen Berufs – seine Würde empfangen kann.

Wer aber in diesem Sinne tolerant leben und wirken will, der kann seine Mitmenschen nicht beurteilen nach dem Lehrsatz, zu dem sich seine Gruppe bekennt, denn solches Beurteilen des Anderen stets nur nach dem Lehrsatz, zu dem man selbst sich bekennt, schließt auch das „Verurteilen des Anderen" ein.

Freimaurer üben sich in der Toleranz gegenüber dem Anderen, weil auch dieser ein Recht auf Freiheit, auf Anerkennung, auf Würde besitzt. Und so schließt die Toleranz des Freimaurers auch den Unbequemen, den Andersartigen, ja, letztlich selbst den Revolutionär noch mit ein.

Schließlich waren die Freimaurer *George Washington*, *Garibaldi*, *Simon Bolivar*, *Gustav Stresemann*, *Carl von Ossiezky*, *Thomas Dehler* wahrlich keine Bequemen und keine ängstlichen Leisetreter.

Ihr Leben, ihre Gedanken, ihr Handeln waren bestimmt vom Bewusstsein der Verantwortung für das Ganze und einer Verpflichtung zur Tat auf der Basis von Menschenwürde, Gesittung und Freiheit.

Und dafür treten die Freimaurer auch heute noch ein. Nun darf aber auch nicht angenommen werden, dass Freimaurer grundsätzlich gegen das Bestehende sich wenden, um etwas

Neues an dessen Stelle zu setzen. Wir anerkennen, dass unser Land nach dem schrecklichen Krieg schöner als zuvor aufgebaut wurde.

Aber haben wir auch den Geist neu aufgebaut? Oder gibt es noch immer Unterdrückung der freien Meinungsäußerung, der Rasse, der Minorität?

Wir bekennen uns dazu, mitzuwirken an Erhaltung, Entwicklung und Stärkung unseres Staatswesens.

Wir werden der Verlockung widerstehen, das Unvollendete in der Gegenwart zum Maßstab der Wirklichkeit unseres Landes zu machen. Wir werden uns hüten, eine Atmosphäre der Staatsverdrossenheit zu fördern.

Und weil die Wünsche der Bevölkerung und die Möglichkeiten des Staates zunehmend auseinanderklaffen, haben wir aus der freimaurerischen Gesinnung heraus vermehrt bereit zu sein, Pflichten und Verantwortung zu Gunsten der Allgemeinheit auf uns zu nehmen.

Und das können wir aus der in unserem Bund gewonnenen Erkenntnis und dem Erlebnis der Bruderschaft.

Freimaurer bedienen sich bestimmter überbrachter Formen. Sie pflegen ihre Rituale, was sie einesteils vor unfruchtbarer Innerlichkeit bewahrt, andererseits werden sie angeleitet zur Denk- und Sprachzucht.

Das vermittelt eine gemeinsame Verhaltensweise und schafft die Voraussetzung für die Verpflichtung zu einem sittlich orientierten Handeln, bei dem die Faktoren der Macht sich ebenso wie die Faktoren der öffentlichen Meinung dem dritten Faktor dienend unterzuordnen haben: dem Faktor Mensch!

So sehr wir Bekenner der Toleranz sind, so wissen wir doch, wie sehr verantwortungslose Aussagen und gelenkte Meinungsäußerungen Gräben zwischen Menschen und Völkern aufreißen können.

Auch genügt es nicht, wenn der Bürger unseres Landes sich ausschließlich am Erlös orientiert. Das Leben ist mehr als dieser. Und es gilt, neben den Erfolg auch die aus Erkenntnis und Verantwortung gewonnene sittliche Verhaltensweise richtunggebend zu stellen.

Was die Menschheit an hohen Gedanken in ihren schöpferischen Zeitaltern hervorgebracht hat, was die nachfolgenden Perioden gelehrter Betrachtung zum intellektuellen Besitz gemacht haben, dieser ganze, große Besitz von kulturellen Werten wird von den Freimaurern in ihren sogenannten Tempelarbeiten gespielt wie eine Orgel vom Organisten. Und diese Orgel ist von einer kaum auszudenkenden Vollkommenheit: ihre Manuale und Pedale tasten gleichsam den geistigen Kosmos ab. Es ist nicht übertrieben, wenn ich sage, Freimaurerei ist eine Art Weltformel, nach der die philosophierende Physik sucht.

Und darum wollen wir ihn mitbauen, den festen Platz der Freiheit, des Lebens und des Lebenlassens, der Harmonie in der Klangfülle, in der kein Ton den anderen überspielt, sondern alle zusammen die Symphonie von pulsierendem und vorwärts drängendem Leben ergeben.

Und dazu gehört der Abbau von Mißtrauen und die Schaffung von immer wieder neuen Plattformen, von denen aus Gespräche zum Verständnis füreinander geführt werden können.

Wir wollen den Menschen wieder zum Maß, aber nicht zur Funktion der Dinge machen. Wir wollen Gewissensresultate ausweisen und formulieren, wonach die Freiheit Voraussetzung für die Menschenwürde ist; bei allem Verständnis benötigen wir aber dennoch die Bindungen, die die Freiheit schützen, wir brauchen den Anstand und die soziale Gebundenheit in der Verpflichtung des Einen gegenüber dem Anderen, und wir brauchen die Toleranz gegenüber den Toleranten und eher das Verständnis für den gerade Intoleranten, als den Schrei nach dessen Unterdrückung.

So sehen die Freimaurer stets den Menschen vor sich.

Alle ihre Arbeit gilt allein ihm.

Lessing und seine Freunde – Herder und Mendelssohn

Baustein für Baustein trugen die englischen Philosophen *John Locke*, *David Hume* und *Thomas Hobbes*, sämtlich die Aufklärung vorbereitend, zusammen, um in Europa ein freiheitliches ethisches Gebäude zu errichten.

Die deutschen Philosophen gingen einen ganz anderen Weg. Sie beriefen sich nicht auf die kritische Erfahrung, sie standen nicht wie ihre englischen und französischen Kollegen mit beiden Beinen auf der Erde, sondern sie griffen nach den Sternen und praktizierten die idealistische und spekulative Philosophie. Ich nenne nur einige: *Christian Wolff*, *Schelling*, *Hegel* und vor allem *Fichte*.

Sie alle ergaben sich ihren schwer verständlichen Spekulationen. Gewiss besaßen sie ihre geistesgeschichtliche Bedeutung, aber für die Praxis des Zusammenlebens der Menschen und Staaten waren sie völlig bedeutungslos, ja, sie wirkten sich sogar negativ aus.

Hegels Philosophie schlug um in den historischen Materialismus, der keineswegs die Irrtümer der deutschen Philosophie korrigierte, sondern sie noch verhärtete. Das Wohl und Wehe des Menschen wurde ignoriert, wie es auch der spekulative Idealismus getan hatte.

Wichtig war ihnen allein die Ideologie, das himmelstürmende Gedankengebäude.

Und die Deutschen haben ihren Idealismus zu allen Zeiten besonders kultiviert.

Das betraf auch die Freimaurer. 1737 wurde in Hamburg die erste Loge in Deutschland gegründet, die sich bald in dem idealistischen Wolkenkuckucksheim einer Ritterspielerei selbstgefällig einrichtete.

Nicht *Lessing*, der auf kritische Erfahrung setzende und diese auch einfordernde Freimaurer wurde ihr Vorbild, sondern ihr Idol wurde *Fichte*, der mit seinen Reden an die deutsche Nation den Idealismus in unserem Land erst richtig entfachte.

Sein 1800 erschienenes Werk DER GESCHLOSSENE HANDELSSTAAT war ganz und gar kein Bekenntnis zur Wirklichkeit. Er entwarf ein Schema, das ihn als Vorläufer jener Ideologie gelten lässt, die 133 Jahre später in Blut, Terror und Gewalt das FINIS GERMANIAE heraufbeschwor.

Aber es hatte den Freimaurer *Herder* gegeben, 1744 geboren und 1766 in Riga zum Freimaurer aufgenommen, als welcher er so eifrig war, dass er bald Redner seiner Loge wurde.

„Der Mensch hat kein edleres Wort für seine Bestimmung als das Wort Humanität“, sagte er, und das bis an sein Lebensende andauernde Bekenntnis zur Würde des zur Freiheit bestimmten Menschen verlieh ihm die große Leuchtkraft.

Die großen Grundgedanken einer Schulreform stammten von ihm, und er forderte von Staat und Gesellschaft die Praktizierung einer verfassungsgemäßen Aufklärung und ein Bewusstsein des Einzelnen an die bindende Kraft der Humanität für die gesamte Gesellschaft, über alle Staatsgrenzen hinweg.

Der Freimaurer *Herder* wollte nicht politisch handeln, sondern die Mächtigen moralisch zu besserem Handeln bewegen: „Politische Systeme ändern die Menschen nicht; die Menschen sind es, die sich ändern müssen."

und damit sprach er genau das aus, was die Hauptdevise der Freimaurer war und noch heute ist.

Herder hatte nicht nur von *Lessing* gehört, sondern vor allem dessen Schriften und Artikel gelesen. Also wollte er diesen Mann kennenlernen und besuchte ihn 1770 in Hamburg. Auf der Galerie des Restaurants BAUMHAUS saßen sie zusammen, und der Dritte im Bunde war *Matthias Claudius*, damals angestellter Redakteur bei *Lessing* und *Bode* für deren Zeitschrift WANDSBEKER BOTE. Die Bindung zwischen *Herder* und *Lessing* blieb. Man erkennt das an dem Nachruf, die sogenannte REDE AUF LESSING, erschienen 1781, worin es heißt:

> „Kein neuerer Schriftsteller hat in Sachen des Geschmacks und des gründlichen Urteils über literarische Gegenstände auf Deutschland mehr eingewirkt als *Lessing*. Er, an Umfang der Belesenheit, an Schärfe des Urteils und an vielseitigem Verstand der erste Kunstkritiker Deutschlands. *Lessings* Charakter, wie er jedem eingedrückt sein muss, ist mir Bürge für seine reine philosophische Überzeugung, dass er stets etwas Gutes veranlasste und bewirkte. Sein zu frühes Ableben ist ein für lange Zeit unersetzbarer Verlust für Deutschland."

Wie Lessing ein Schrittmacher für die Freimaurerei in Deutschland wurde, so war es *Herder*, der intensiv an der Ausarbeitung freimaurerischer Rituale mitwirkte.

Lessing hatte erkannt: „Freimaurerei ist nichts Willkürliches, nichts Entbehrliches, sondern etwas Notwendiges, das im Wesen des Menschen und der bürgerlichen Gesellschaft begründet ist."

Mit seinen Worten hat *Lessing* die Freimaurerei als Inbegriff dessen bezeichnet, was im Gegensatz stand zur damaligen ständisch gegliederten, hierarchisch-feudalen Organisation der Gesellschaft, wo das Volk schuftete, der Hofpöbel – wie *Lessing* ihn nannte – feierte, und wo die fürstliche Willkür schrankenlos war.

Herder ging es um die Verständigung und die Anerkennung der Menschenwürde über alle Grenzen hinaus. *Lessing* betonte dasselbe, nur dass er sich vehement dafür stark machte, dass der kulturelle Einfluss aus Italien und Frankreich nicht weiter Deutschland überschwemmen sollte.

Theater sollten Kultur- und Lehrstätten sein. Dafür kämpfte er mit seinen Veröffentlichungen HAMBURGISCHE DRAMATURGIE und LAOKOON.

Man muss bedenken, dass der Preußenkönig *Friedrich II.* besser Französisch als Deutsch konnte. Und so war es an allen Fürstenhöfen. Dagegen stemmte sich *Lessing*, und daher wurde er nach Hamburg ans erste deutsche Nationaltheater berufen.

In Hamburg wurde auch sein Stück MINNA VON BARNHELM uraufgeführt. Erstmalig, dass ein preußischer Offizier, der *Major von Tellheim*, auf der Bühne stand, wo vorher nur Harlekine und Spassmacher gestanden hatten.

Und in seiner gemeinsam mit *Mendelssohn* und *Nicolai* herausgegebenen NATIONALBIBLIOGRAPHIE gab er richtungsweisende Urteile für die kulturelle Entwicklung in unserem Lande.

Lessing wollte jetzt nicht mehr dem Wunsch seines Vaters folgen und dessen Nachfolger als Pfarrer in Kamenz werden. Er ging nach Berlin, um Journalist zu werden, und tatsächlich fand er Anstellung bei der Zeitung des Freimaurers *Voß*, die später als DIE TANTE VOSS ihren Namen bekam. Interessant, dass *Lessing* hier bereits über freimaurerische Themen schrieb. Ob das an seinem neuen Freund, dem Aufklärer und Verleger *Friedrich Nicolai* lag? Mit ihm und dem Dritten im Bunde, *Moses Mendelssohn*, hatte er die wegweisenden BRIEFE DIE NEUESTE LITTERATUR BETREFFEND herausgebracht.

Er traf auch mit dem in Potsdam weilenden *Voltaire* zusammen, jedoch sollte es nicht zu einer Zusammenarbeit kommen, auch nicht als Bibliothekar des Preußenkönigs. *Friedrich II.* galt zwar als aufgeklärt, aber dennoch war er ein absolut regierender Herrscher.

Einige Beispiele: Als *Voltaire* sich von Berlin entfernte, um wieder nach Frankreich zu gehen, ließ *Friedrich* ihn auf der Höhe Frankfurt am Main wieder einfangen und zurückbringen.

Zu *Friedrich II.* Zeit durften Juden nur durch das ROSENTHALER TOR die Stadt betreten, durch welches sonst nur Kühe und Schweine gelassen wurden. Auch *Moses Mendelssohn* kam durch dieses Tor in die Stadt.

Ist es da ein Wunder, wenn der Aufklärer *Lessing* an seinen Freund *Nicolai* schrieb: „Lassen Sie einen in Berlin auftreten, der für die Rechte der Untertanen, der gegen Aussaugung und Despotismus seine Stimme erheben wollte, und Sie werden bald die Erfahrung haben, welches Land bis auf den heutigen Tag das sklavischste Land von Europa ist." Und welche Kühnheit besaß *Lessing*, als er in jener Zeit schrieb: „Ein König mag recht haben, denn er ist mächtiger als ich. Aber besser dünke er sich nicht."

Hier haben wir den unerschrockenen Aufklärer, Freimaurer und Charakter, den *Goethe* so lobte. „Ein Mann wie *Lessing* tut uns not."

Neben *Voß* und *Nicolai* gab es noch einen dritten Freund, den *Moses Mendelssohn*, von Geburt an bucklig und arm. Der unglaublich begabte Jude lernte heimlich Deutsch. Warum heimlich? Weil ein Deutsch sprechender Jude aus Berlin ausgewiesen wurde. Mit zwanzig Jahren lernte er Latein, Französisch, Englisch und studierte Literatur.

Mendelssohn verfasste ein Buch, worin er untersuchte, warum die Deutschen den Wert ihrer Sprache und ihrer großen Geister nicht mehr zu schätzen wüssten. Es war das erste Buch eines deutschen Juden in deutscher Sprache. Mit *Lessing* verfasste er 332 Buchbesprechungen, worin sie vor allem kritisierten, dass die deutsche Sprache durch Fremdworte verwahrlost sei.

Mendelssohn brachte eine Veröffentlichung nach der anderen heraus, alle auf die Durchsetzung deutscher Kultur und humanitärer Ziele gerichtet. Er war zu jener Zeit der bedeutendste Aufklärer in Deutschland, aber er war Jude, und sein Wissen und Können wurden unterdrückt. *Lessing* hat sich den Freund *Moses Mendelssohn* zum Vorbild genommen in seinem dramatischen Gedicht NATHAN DER WEISE.

Warum Mendelssohn nicht auch Freimaurer wurde wie die Freunde? Nun, er war Jude, und Juden durften in den von *Friedrich dem Großen* gegründeten Logen nicht Mitglied sein. Als *Mendelssohn* in die Akademie der Wissenschaft berufen wurde, lehnte der König die Berufung ab.

Wie provozierte *Mendelssohn doch* seine Mitwelt, als er schrieb:

> „Unser Geist siegt über den Tod und lässt nur den Leichnam zurück, um auf Erden in tausend anderen Gestalten die Absicht Gottes zu erfüllen. Wir müssen Gedanken über die Kraft des Unendlichen anstellen.

Nach dem Tode lebt unsere Seele und schreitet von Stufe zu Stufe fort zu immer höherer Vollkommenheit."

Lessing hat in seinem Werk DIE ERZIEHUNG DES MENSCHENGESCHLECHTS ähnlich geschrieben, und wir erkennen bei beiden, dass sie auf der Grundlage freimaurerischen Denkens standen und deren Thesen vertraten, wie diese seit Jahrhunderten bestanden.

Dabei wandte sich *Lessing* nie gegen Kirche und Christentum, er bekämpfte die selbstherrliche Orthodoxie. Er verlangte, dass die Christen das tun und auslebten, was *Jesus Christus* ihnen gepredigt hatte.

Bekannt ist seine Auseinandersetzung mit dem orthodoxen Hamburger Hauptpastor *Melchior Goeze*, die damit endete, dass der braunschweigische Herzog, in dessen Dienst *Lessing* stand, ihn mit Zensur belegte und ihm damit die Freiheit als Schriftsteller nahm.

Durch die Judenverunglimpfung und -verfolgung, die auch *Fichte* betrieb, gelangte *Mendelssohn* nicht ins Bewusstsein der Deutschen. Wie hatte *Herder* ihn beurteilt: „*Sokrates* führte die Weltweisheit unter den Menschen ein. *Mendelssohn* dagegen ist der große philosophische Schriftsteller in unserer deutschen Nation. Er ist es, der sein Licht der Weltweisheit strahlen ließ."

Und *Goethe* rühmte ihn als d e n großen Geist in Deutschland.

Mendelssohn übersetzte das ALTE TESTAMENT ins Deutsche, um dem Jiddischen ein Ende zu bereiten und seine Glaubensgenossen an die deutsche Sprache zu gewöhnen. Er war der erste, der sich nicht mehr als Jude in Deutschland, sondern als Deutscher jüdischen Glaubens bezeichnete.

Welch ein Schrittmacher! Welch in eine gute Zukunft weisender Geist!

Herder, der große Humanist und Europäer – *Mendelssohn*, der humanitäre Wegweiser in eine gesunde Zukunft der Menschheit.

Lessing, der kühne Kritiker, dem es um die Wahrheit ging, der an die Entwicklungsfähigkeit des Menschen glaubte, der doch gesagt hatte: „Einst wird der Mensch das Gute tun, weil es das Gute ist, und nicht, weil Belohnungen darauf gesetzt sind."

Welch ein Gespann, diese Drei! Und ich darf dankbar darauf hinweisen, dass alle drei wirksam die freimaurerischen Bestrebungen förderten und sich zu diesem Bund bekannten.

Ich habe Ihnen in recht kurzen Abschnitten das Leben dreier großer Deutscher vorgetragen, die im Bewusstsein unserer Mitwelt nicht mehr von großer Bedeutung sind.

Wohlstandsdenken und Oberflächlichkeit sind nun einmal keine Basis für Kultur und die Entwicklung der menschlichen Gesellschaft.

Alle drei waren direkt oder indirekt Mitglieder des Freimaurerbundes, dem auch ich seit über 60 Jahren angehöre.

Ich habe in diesem Männerbund viel erlebt und viel gewonnen für mein eigenes Leben.

Der Salomonische Tempel

Ansprache im Museum zu Hamburg

Es wird in der Bibel berichtet, dass König *David* einen Sohn hatte mit Namen *Salomo*. Diesem wird Weisheit zugesprochen und vor allem der unter seiner Anweisung erbaute Tempel, der dann seinen Namen trug.

Bis ins Einzelne berichtet *Hesekiel* über den Bau, dass rund um den Tempel eine Mauer erbaut war, dass es eine Vorhalle und einen quadratischen Innenhof gab, drei Torkammern jeweils beim Ost- und beim Westtor.

Und *Hesekiel* lässt einen Besucher den Architekten begleiten, der alle Räume und Anlagen genau vermisst. So werden 30 Räume erwähnt, die alle von gleichen Maßen waren, zu denen Tore im Norden, Süden und Osten führten.

Über jeweils 7 Stufen konnte man in die Räume gelangen.

Jener Architekt wird geschildert, dass er aussah wie aus Bronze, und dass er eine Leinenschnur und eine Messlatte mit sich trug, die er prüfend bei jedem Bauteil ansetzte.

Es wird weiter vom Allerheiligsten gesprochen, und es werden Pfeiler erwähnt, die zu beiden Seiten des vor dem Tempel stehenden Altars zu sehen waren.

Um diesen Altar sollte sich ein Graben befinden, nur eine Treppe führte zu ihm hinauf.

Das alles wird ganz genau geschildert, und überall werden das Ellenmaß und die Richtschnur angelegt.

Eindrucksvoller aber wird der Salomonische Tempelbau in den Büchern der Chronik geschildert.

Da wird berichtet, dass König *Salomo* zu Ehren des Allmächtigen einen ganz besonderen Tempel errichten wollte, und zwar auf dem Berge MORIAH, das heißt IM ANGESICHT GOTTES.

Es werden ganz erstaunliche Zahlen genannt, nämlich dass *Salomo* 80.000 Steinhauer und 3.600 Aufseher in die Pflicht genommen habe. 80.000? Das sind mehr als die Bewohner Lüneburgs und etwas weniger als die Flensburgs.

Der Tempelbau hat viele Jahre gedauert, und die Männer werden bestimmt nicht frauenlos gelebt haben. Also sind zu den 80.000 Steinhauern und Steinmetzen auch noch Frauen und Familien hinzuzurechnen.

Wer baute ihnen die Unterkünfte? Wer bezahlte die Löhne? Bei 80.000 kommt eine gehörige Summe zusammen.

Aber *Salomo* benötigte auch einen Baumeister und wandte sich dieserhalb an den König von Tyrus, mit Namen *Hiram*. Dieser sandte ihm daraufhin – gleichsam als Oberarchitekten – den *Hiram Abif*.

Der vollendete den Bau, wie es hieß – und sicher erst nach Jahren –, und sein Name taucht in Mysterienbünden und Allegorien auf. *Hiram Abif* hat gleichsam Geistiges und Überirdisches sinnlich wahrnahmbar gemacht und durch seinen Tempelbau das reale Leben gleichsam in eine außerordentliche Bildlichkeit gewandelt.

Das wird besonders deutlich an seiner Verwendung von Zahlen, die sämtlich symbolischen Wert besitzen und an allen Stellen seines Tempelbaus auftauchen.

Vor dem Tempel, bevor man sich diesem nähern konnte, musste man zwischen zwei Säulen hindurch, die an ihren Spitzen besonders stattlich verziert waren. Die rechte wurde *Jachin* genannt, die linke *Boas*.

Vor diesen war – in einer Riesenschüssel – das sogenannte Meer, das für die Waschungen der Priester gedacht war. Dieses sogenannte Meer wurde getragen von 12 Rindern. Auch hier wieder die Zahlensymbolik.

Wir erinnern uns an die 12 Jünger Jesu, an die 12 Stämme des Volkes Israel, und *Johannes* betont die 144.000, d. h. 12 x 12 x 1000 als Symbol der erreichten Vollkommenheit.

Aber die beiden Säulen *Jachin* und *Boas* besaßen noch eine tiefere Bedeutung. Die damalige Sprache war durch Wortwertigkeit ausgezeichnet.

Zählt man daher den Wert von *Jachin*, so kommt man der Wortwertigkeit mit dem Baum der Erkenntnis in der Schöpfungsgeschichte nah, und *Boas* besitzt die Wertigkeit vom Baum des ewigen Lebens, ebenfalls aus der Schöpfungsgeschichte.

Somit war der Tempelbau des *Salomo* nicht nur ein Prachtgebäude, das man staunend bewunderte, sondern dieser Bau verinnerlichte gleichsam eine Ansprache an den Besucher und die Aufforderung, sich vor dem ewigen Gott zu demütigen, Schuld zu bekennen und Gnade dankbar entgegenzunehmen.

Dem Anreger und Veranlasser *Salomo* ist zu danken, den *Hiram Abif* aber gilt es zu bewundern.

Die Loge verwirklicht sich im Tempel

Wir stehen in einer Entwicklung, in der in allen Bereichen unseres Lebens in zunehmendem Maße der Kreis der persönlichen Entscheidungen eingeengt wird.

Staat und Wirtschaft, Presse und Werbung, Parteien und ihre Ideologien bedrängen uns immer mehr, lassen den Raum der Freiheit auf schleichende, anonyme Weise immer mehr eingeschränkt werden. Es entsteht das Gefühl des Dem-nicht-mehr-gewachsen-Seins; man gewöhnt sich widerwillig an den Zustand. Das hat auf Dauer zur Folge, dass wir uns dem veränderten Zustand sogar anpassen.

Man agiert nicht mehr, man reagiert nur noch. Früher hat es eine schrankenlose Ausübung der Macht gegeben, und es dürfen sich die Freimaurer hoch anrechnen, dass sie zu den Befreiern von diesem Zwang zählten.

Auch heute haben die Freimaurer wach zu sein, haben aufzupassen, viel mehr aufzupassen als früher, weil die Macht sich leise und schleichend die Positionen erobert, auf denen zuvor die Fahne der persönlichen Freiheit wehte. Es gilt fest zu betonen: „Ich will mein Leben aus eigener Verantwortung führen, in eigener Bestimmung, aus einer inneren Wahrhaftigkeit heraus.“

Wir sind in den Bereich des Nichtausgeglichenen, der Spannungen geraten. Allzuviel drängt auf den Menschen ein. Das meiste davon bleibt unverdaut, unverarbeitet und hinterlässt ein beständiges Missvergnügen.

- Ein Mensch will sich aber verwirklichen,
- er will sein Leben zu seiner eigenen Zufriedenheit führen,
- er will sich seine Entscheidungen nicht abnehmen lassen,
- er will so wirken, wie es nützt und glücklich macht.

Dazu gehört, dass der Bereich eigener Verantwortung weit genug ist. Gerade dieser wird aber heute so sehr eingeengt.

Eine gute, sorgfältig vorbereitete, mit ganzem Herzen von allen Anwesenden betriebene Tempelarbeit hilft, die Spannungen im Bereich unserer seelischen Verfassung zu beheben und der menschlichen Unentschlossenheit die Richtung zu weisen. Im Tempel erhält die versammelte Bruderschaft in menschlicher, leicht erlebbarer Form die Annäherung an den freien Geist vergangener Jahrhunderte, die notwendige Pause für das gegenwärtige Leben, eine bewusste Annäherung an das, was wir mit dem „Großen Baumeister aller Welten“ bezeichnen, und endlich zu sich selbst.

Während der Tempelarbeit beginnen Ströme im Innern wieder zu fließen – Empfindungen, Wollen, Willensformungen – und der geübte Freimaurer erkennt seinen Stand und wovon er gewichen ist. Denn die Loge verwirklicht Freimaurerei nicht in der Diskussion, nicht im Clubabend, nicht in Mitgliederversammlungen. Freimaurerei verwirklicht sich im Tempel, nämlich unbewusst, still, aber desto wirksamer.

Auch alles Wachstum geschieht ohne großes Aufheben, ohne Lärm, ohne Ideologie, ohne Reklame. Wachstum geschieht ganz einfach, aber damit es geschieht, müssen die Möglichkeiten dafür gegeben werden.

Mag der Alltag die Brüder auseinandergebracht, vielleicht untereinander sogar enttäuscht haben, im Tempel hören sie wieder gemeinsam das Wechselgespräch der hammerführenden Meister, spüren den tiefen Sinn bei der Lichtgebung. Sie sinnen über Winkel und Zirkel, Längenmaß und musivisches Pflaster, unbehauenen Stein und das Buch des heiligen Gesetzes. Und sie erleben die Kettenbildung, in die so viel Hoffen und Wünschen, Wollen und Verzeihen hineingebunden wird, dass man als Brüder sie wieder trennt und in die Welt hinauskehrt, als die, die einen wesentlichen Grundsatz bei all ihrem Tun verwirklichen wollen: Sie wollen dem WAS jeder Handlung das WIE vorordnen, denn nicht, WAS einer tut, zeichnet ihn aus, sondern WIE er es tut.

Wir Freimaurer sind gehalten, die Wahrhaftigkeit zu leben. Auch glauben wir daran, dass es eine Wahrheit gibt, aber wir wagen es nicht, sie anderen fordernd und auffordernd mitzuteilen.

Wir kennen die letzte Wahrheit nicht. Vielleicht erfahren wir sie erst in unserer letzten Stunde, wenn wir vor dem Geglaubten, aber noch Unbekannten stehen.

Lessing sagte über die Wahrheit: „Und wenn ich vor Gott Vater stünde und er böte mir in der Rechten die Wahrheit, in der Linken aber das Streben nach Wahrheit – ich fiele ihm in die Rechte und sagte: Behalte du die Wahrheit, sie ist nur für dich. Schenke mir das Streben nach der Wahrheit!"

Mit diesem Streben nach Wahrheit sind wir im Leben verhaftet.

Jahrhunderte zogen dahin, unsere Jahre ziehen dahin. Geschlechter lebten in ihnen, Menschen werden geboren und sterben. Doch eine Gewissheit bleibt: Man muss suchen, um zu finden – man muss sich erkennen, um sich zu wandeln – man muss immer wieder bereit sein, zu empfangen. Ohne Bereitsein keine Bruderschaft.

Seit Jahrhunderten stehen wir zusammen in unseren Bauhütten und werden in Jahrhunderten noch stehen, wissen wir doch von einer besonderen Gewalt und von einem besonderen Recht: Der Gewalt der lebendigen Form, dem Recht gelebter Form. Unsere Erkenntnisse sind – dem Leben nach – in uralten und doch ewig jungen Formen gefasst, unsere Gedanken sind frei und ziehen dahin; als geformte Gedanken verwehen sie nicht; als Gedanken, die aus der prägenden Form des Freimaurertums kommen, wirken sie fort.

Damit werden unsere Bauhütten für alle, die sich Freimaurer nennen, eine brüderliche Heimstatt. Und in der großen weiten Welt erfahren wir, dass diese Heim- und Übungsstatt das Mittel ist, Männer aller Stände, aller Bekenntnisse, jeder Sprache und Rasse, jeden Alters zusammenzubringen, die sonst als Brüder nie hätten zusammenkommen können.

Drei Grundsätze pflegen wir: Brüderliche Liebe, Hilfsbereitschaft und Wahrhaftigkeit. Das ist das Entgegengesetzte von Brutalität, Habgier und Verlogenheit.

Unter **brüderlicher Liebe** verstehen wir das Gefühl der höchstmöglichen Wertschätzung für eine andere Person, nicht wegen eventueller Vorteile, die man durch sie erlangen kann, nicht wegen ihrer Nützlichkeit im Leben, sondern allein um ihrer eigenen Person und ihrer selbst willen.

Die Beziehungen brüderlicher Liebe tragen Rechtfertigung und Belohnung bereits in sich. Wir wissen, dass brüderliche Liebe eine der höchsten Empfindungen ist, ohne die das Leben traurig und einsam wäre. Sie ist keine Illusion, sie ist eine Tatsache. Und Freimaurerei beruht auf dieser Tatsache und schafft immer erneut Gelegenheit zu solcher Gemeinschaft. Zu Brüdern aber werden wir im Tempel. Deshalb ist es auch immer wieder ein besonderer Tag, wenn neue Brüder Aufnahme in den verschiedenen Graden dieser Gemeinschaft finden.

Die Verwirklichung der brüderlichen Liebe ist ein Gesetz unseres freimaurerischen Daseins.

Die **Hilfsbereitschaft** ist eine der Formen, die aus dem Prinzip der Nächstenliebe entstanden ist. Man muss sie von der Wohltätigkeit unterscheiden, bei der wir an Armut und Almosen denken. Unsere Hilfsbereitschaft nimmt als erwiesen an, dass selbst ein fleißiger und genügsamer Mensch durch plötzliches Unglück einer helfenden Hand bedarf. Ihm diese zu reichen, ist eine der selbstverständlichsten Handlungen der Bruderschaft.

Wir wollen uns freuen, dass wir durch Schaffung unseres Freimaurerischen Hilfswerks in der Lage sind, bei größeren Notfällen einspringen zu können. Aber unsere Geld-Überweisung an dieses Hilfswerk darf nicht unser Gewissen beruhigen gegenüber dem Hilfsbedürftigen neben uns!

Endlich die **Wahrhaftigkeit:** Ich meine damit mehr als nur die Suche nach Wahrheit im intellektuellen Sinn, sondern dass die Brüder einer Loge aufrichtig in ihrem Charakter und Verhalten sein müssen, zuverlässige Männer von Ehre und Rechtschaffenheit, auf deren Freundschaft und Wort man sich verlassen können muss. Wahrhaftigkeit bedarf keines Beweises. Da diese in der Natur einer Bruderschaft liegt, ist sie deren Ergebnis. Eine Loge, in der es anders ist, kann auf die Dauer nicht bestehen.

Zusammengefasst bedeutet dies: Die Grundsätze unseres Freimaurertums sind nach wie vor und auch heute so offensichtlich richtig und notwendig und erprobt und durch Jahrhunderte bewiesen, dass wir sie nicht begründen müssen.

Die Lehre unserer Gradfolge, dieses Mittels der Freimaurerei, ist nicht aufregend oder etwas Neues. Sie ist nur ein Mittel und in ihrem Wert nicht zu vergleichen mit der Erkenntnis, dass die Wahrheiten, auf denen Freimaurerei beruht, zeitlos sind.

Haben wir schon einmal darüber nachgedacht, warum in der Freimaurerei eine Frische bleibt, warum eine nie versiegende Inspiration da ist, eine unerschöpfliche Auswirkung? Weil die Grundsätze der Freimaurerei die Grundsätze wahren Lebens sind.

Die Zeit fließt und kehrt nicht mehr zurück. Menschen und Schicksale kommen und gehen.

Arbeiten und wirken wir so, dass die Fackel des freimaurerischen Lichts leuchtet in einer Umwelt, die des Lichts bedarf.

Das Unaussprechliche und nur Erlebbare in der Freimaurerei

Wer in England eine Loge besucht, wird feststellen, daß dort die Tradition in einer für uns kaum nachahmbaren Weise gepflegt wird.

Wer eine Loge in den USA besucht, wird erstaunt feststellen, dass das uns wertvolle Freimaurerische dort wie eine Bühnenaufführung gehandhabt wird. Wir empfinden Oberflächlichkeit, aber man hält sich genau an das rituell vorgegebene Wort. Und die amerikanischen Brüder sind beispielgebend in ihren karitativen Leistungen.

Bei den Logen des GRAND ORIENT DE FRANCE, der nicht nach den alten Regeln arbeitet, stellt man fest, daß dort das Erbe der Französischen Revolution von 1789 gepflegt wird und eine starke politische, oft sogar parteipolitische Prägung spüren lässt.

Als der von Rom abgesandte Prälat *Johannes de Toth* bei uns eintraf und fragte, ob die Freimaurer in Deutschland bereit wären zu einem offiziellen Dialog mit der Katholischen Kirche, fragten wir, warum man ein derartiges Ansinnen nicht an die Großlogen in England, den USA oder Frankreich gerichtet habe. Die Antwort war: „Wir haben lange in den uns zugänglichen Archiven studiert und festgestellt, dass nirgendwo die Freimaurerei so vom ursprünglichen Geist her geprägt ist wie in Deutschland. Darum suchen wir den Dialog mit den Freimaurern in Deutschland."

Gehen wir dieser von auswärts gekommenen Feststellung nach: Danach stellt sich für uns die geistige Grundlage der Freimaurerei in erster Linie nicht durch Worte dar, sondern ihr Wesen wird erfahren durch eigenes Gestalten und erlebte Handlungen. Beides sind wirksamere Kundgebungen des Geistes, die durch logische Erklärungen so nicht gegeben werden können.

Der unserer Bruderschaft innewohnende Geist, der in Gestalt von Symbolen und allegorischen Handlungen hervortritt, ist wesentlich eindrucksvoller als derjenige, der sich nur in Begriffen und Erklärungen kundtut.

Wer darum vom freimaurerischen Ritual nicht in seinem Innern angesprochen und bewegt wird, kann nie zum Wesentlichen der Freimaurerei durchdringen.

Voraussetzung ist allerdings eine einwandfreie Durchführung der rituellen Arbeit.

Unsere Bruderschaft bewahrt im rituellen Spiel die uralten Geheimnisse der Menschheit.

Aus dem Orden der Benediktiner, von denen wir übrigens die Bezeichnungen Aufseher und Vorbereitender Bruder übernommen haben, sind vom 6. bis zum 9. Jahrhundert die Bauhütten entstanden. Vom Abt *Wilhelmus* vom KLOSTER HIRSAU wissen wir, dass er bereits gegen Ende des 11. Jahrhunderts Steinmetze und Maurer ausbildete.

In den Bauhütten stand die Werkbank des Meisters – und nur diese – im Osten; die beiden Bauaufseher arbeiteten im Westen, und schon im 12. Jahrhundert kannte man das Halszeichen, wie z. B. am Westportal des Wiener Stephandoms zu sehen ist.

Zu Beginn jeder Zusammenkunft in der gegen Fremde gesicherten Bauhütte fand eine Zwiesprache zwischen Meister und Aufsehern statt, wozu sich alle Anwesenden erhoben.

Schutzpatron war nicht *Johannes*, sondern die *Vier Gekrönten, Quatuor Coronati*, die am 8. November des Jahres 306 während der Christenverfolgung durch *Kaiser Nero* hingerichtet wurden.

Nähere Kenntnis über die Bauhütten erfahren wir durch das in England gefundene Regius-Manuskript, das um 1390 entstanden ist. Bauvorschriften und vor allem Verhaltensweisen waren in Reimform abgefasst, und die über 700 Zeilen mussten von jedem Bauhandwerker auswendig gelernt werden.

Reverend *James Anderson* hat daraus die General Constitutions entwickelt, deren Kurzform uns als Die Alten Pflichten von 1723 bekannt sind. Schon damals ging der rituelle Ablauf weit über eine nur ethisch-moralische Belehrung hinaus.

Die Unterscheidung gegenüber anderen gesellschaftlich-moralischen Vereinigungen liegt allein im Gebrauch unseres Rituals, dessen Ablauf eine Bildsprache ist, der es um die Erschließung seelischer Bereiche geht, an die Verstand und Logik nicht herankommen.

Unser Ritual ist ein dynamisches Abbild des großen kosmischen Geschehens, und bei rechtem Gebrauch des Rituals wächst die Fähigkeit des teilnehmenden Bruders – für ihn selbst meist unbewusst –, sich selbst als Teil des Universums zu erkennen und aus dieser Erkenntnis heraus sein Leben fortan unter dem Blickwinkel der Ewigkeit zu gestalten.

Das am häufigsten verwendete Kennzeichen der Freimaurerei ist ein senkrecht stehender, nach unten geöffneter Zirkel, welcher mit einem nach oben geöffneten Winkelmaß zusammengefügt ist. Schon in den alten Zunftwappen finden wir diese Anordnung.

Zu Beginn jeder unserer rituellen Arbeiten fügt der Meister vom Stuhl Winkelmaß und Zirkel feierlich in der bekannten Form zusammen.

In dieser kultischen Handlung liegt eine Fülle von Deutungsmöglichkeiten, die zur Richtschnur für ein ganzes Menschenleben werden können.
Betrachten wir die beiden Werkzeuge zunächst einmal einzeln.

Der Zirkel gehört in die Hand des geistigen Arbeiters, des Architekten oder Baumeisters. In Übereinstimmung mit der Mathematik entwirft er den Bau auf dem Reißbrett.

Das Winkelmaß wird vom Steinmetzen benutzt. Er arbeitet mit der Kraft und Geschicklichkeit seiner Hände und legt, wenn er den Stein recht behauen hat, den rechten Winkel an. Nur rechtwinklige Steine sind zum Bau geeignet.

Entscheidend für das Aufrichten des Baus ist, dass Steinmetz und Bauarbeiter sich getreulich an die Entwürfe des Baumeisters halten. Jede Abweichung macht die konzipierte Ganzheit des Baus zunichte. Es wird deutlich, wie sinnvoll das Zusammenlegen von Winkelmaß und Zirkel ist: Nur wenn die Ausführung dem geistigen Konzept entspricht, und das Konzept die höheren Gesetzmäßigkeiten der Mathematik beachtet, kann das Werk gelingen.

So lässt sich an diesem rituellen Beispiel die uralte Mysterienweisheit 'Wie oben so unten' (aus der TABULA SMARAGDINA des *Hermes Trismegistos*) nachvollziehen. Damit sind wir bereits aus dem vordergründig materiellen Bereich in die geistige und transzendente Symbolaussage übergegangen.

Unsere maurerischen Vorfahren verstanden die Schöpfung dieser Welt als grandioses Bauwerk des Großen Baumeisters, denn in seinem Zirkelschlag bewegt sich alles, was lebt, bewegen sich Gestirne und Galaxien, zirkulieren Elektronen um den Atomkern.

Wie Mikrokosmos so Makrokosmos – wie oben so unten. Dieser Gedankengang ist uralt. Da gibt es eine chinesische Steinabreibung aus dem Jahr 220 nach Christus, wo auf einer großen Grabplatte der mythische Urkaiser mit dem Winkelmaß und seine Frau mit dem Zirkel zu sehen sind. Beide galten als die Wiederhersteller der alten schöpferischen Ordnung, und das vollbrachten sie mit Winkelmaß und Zirkel. Es heißt im Text dazu, daß beide Himmel und Erde wieder in Ordnung brachten.

Symbolisch verkörpern Winkelmaß und Zirkel die beiden Gegensätze in einer All-Einheit. Das feierliche Zusammenlegen stellt die alte mystische Vereinigung des Oben mit dem Unten dar, im übertragenen Sinn: der Seele mit Gott.

Dies ist aber nur dem vorbehalten, der diese Handlung e r l e b t. Legen wir das weltlich aus und sagen: Vereinigung von Geist und Materie, Gegensätzlichkeiten werden symbolisch eingeordnet.

Das Zusammenfügen der beiden großen Lichter fordert uns auf, die Gegensätze dieser Welt nicht mehr dualistisch, nicht feindlich aufzufassen, sondern ihre polare Entsprechung zu erkennen. Es wird durch den symbolischen Akt aufgefordert, die Harmonisierung der Gegensätze zu betreiben, die Gegenpole wieder zueinander zu einem Ganzen zu bringen. Wie oft wird ein Bruder getadelt, werden ihm Vorwürfe gemacht. Das trennt. Heißt es nicht in dem Libretto zur Zauberflöte „... und ist ein Mensch gefallen, führt Liebe ihn zur Pflicht“?

Nicht Verurteilung, Liebe ist gefordert! Gegensätze wieder zusammenführen, das ist Sinn unseres Bruderbundes, und darum steht die meisterliche Zusammenführung von Winkel und Zirkel auch am Anfang jeder unserer Arbeiten.

Neben den anderen Werkzeugen wie Hammer, Meißel und Lot sehen wir auf unserem Arbeitsteppich das 24-zöllige Längenmaß. Es liegt dort, wo der transzendente Bereich – Sonne, Mond und Flammender Stern – an den diesseitigen Bereich stoßen.

Das Längenmaß liegt bewußt zwischen Himmel und Erde.

Wenden wir uns noch einmal dem rechten Winkel zu, indem wir das Brauchtum beim Heiligen Drama, der Einweihung nach der Art der ägyptischen Ma'at Religion, staunend betrachten.

Da rammten die Priester zur Abendzeit einen Pfahl in die Erde und peilten von diesem den Stern Sirius an. Dann machten sie genau 3 x 3 Schritte, und dann wurde der zweite Pfahl eingerammt.

Von diesem wurde der Orion angepeilt. Warum gerade diese Sterne, verrät uns das ägyptische Totenbuch nicht. Nun wurde abermals nach 3 x 3 Schritten der dritte Pfahl eingerammt. Mit dem auf diese Weise gewonnenen rechten Winkel glaubte man, symbolisch das Wesen des Überirdischen auf die Erde geholt zu haben. Dann befestigte man Fackeln an den Pfählen.

Wir erkennen die Brauchtumsverwandtschaft. Dem männlichen Teilnehmer an diesem geheimnisvollen Ritus sollten Ursprung und Bestimmung des Menschen vermittelt werden, ausgehend von der Eingebundenheit von Jenseits und Diesseits, von oben und unten.

Wir kommen zu dem Gespräch der drei hammerführenden Beamten, wo denn deren Plätze in der Loge seien.

In den ägyptischen Riten wurde gesagt: „Ich bin das Gestern", dann „Ich kenne das Morgen" und endlich „Ich bin bereit, zu etwas Vollkommenerem neu geboren zu werden."

Sagen wir nicht, dass die Aufnahme eines Suchenden in unseren Bund eine moralische Geburt darstellt?

Eine Loge wird nicht **er**öffnet, sondern **ge**öffnet, und das kommt von einem wesentlichen Trialog. Bei diesem Wechselgespräch steht die Bruderschaft – nachweislich seit 1730 – in Ordnung.

Wieso? Weil sich etwas Wesentliches vollzieht.

Auf die Fragen des Meisters nach den Plätzen der Hammerführenden wird nicht mit einer Ortsangabe – etwa neben dem Klavier, oder unter dem Kronleuchter – geantwortet, sondern mit in die Unendlichkeit weisenden Himmelsrichtungen (im Osten, im Westen), und die Loge wird dadurch gleichsam in die Unendlichkeit projiziert, der Unendlichkeit angepasst. Erneut der Versuch der Überwindung des Trennenden von Diesseits und Jenseits. Bei diesem außerordentlichen Symbolvorgang ist es verständlich, dass die Bruderschaft in Ordnung steht. In einer über 500 Jahre alten schottischen Bauhüttenordnung werden dazu die uns vertrauten Erkennungszeichen benannt.

Bei jeder rechten Tempelarbeit erleben wir eine psychologisch großartig aufgebaute Steigerung: Die Abgrenzung gegen alles Profane, weil dieses ausgegrenzt sein muss.

Dann die Aufhebung der irdischen Uhrzeit. Jetzt gelten nur noch Mittag oder Hochmittag, dann wird durch das Wechselgespräch die Loge ins Unendliche projiziert, Winkelmaß und Zirkel werden symbolisch geordnet, das Diesseits mit dem Jenseits harmonisiert und das Licht aus dem Osten gebracht.

Ich kann nicht die gesamte Symbolik darstellen, aber wir sollten noch über den Schurz nachdenken.

Wenn der Meister dem Neuaufgenommenen den Schurz überreicht, dann tut er es mit den Worten: „Ich überreiche Ihnen den Schurz, der älter ist als das goldene Vlies."
Was ist damit gemeint?

Unser Schurz ist keine Schürze! Dafür spricht schon seine weiße Farbe und der Zierrat darauf. Er ist schlechthin unser Bundeszeichen.

Vlies bedeutet Schaffell, und unter dem GOLDENEN VLIES verstanden die Griechen die Sonne, den Lebensquell und -erhalter. Danach trachteten der Sage nach die 50 Männer, die mit ihrem Schiff ARGO ausfuhren, um göttliche Weisheit, Stärke und Schönheit anzustreben.

Übrigens trugen die deutschen Kaiser bis Anfang des 19. Jahrhunderts an einem Halsband ein goldenes Vlies, wie ein Beamtenabzeichen.

Was bedeuten diese freimaurerischen Hinweise auf mystische Vorstellungen der Griechen?

Die Menschheit steht gleichsam am Ufer. Immer herrscht die Empfindung, am alten Gestade können wir nicht bleiben, Traditionen allein reichen nicht aus. Darum müssen wir aufs offene Meer hinaus, neuen Werten entgegen, unserer Vervollkommnung wegen. Das Schiff ist unser Vermögen, vernünftig zu denken. Aber nicht das verstandesmäßige Denken, oft vorurteilsbeladen, ist gemeint, sondern das Denken mit dem

Herzen, das vom Glauben an das Bessere inspiriert ist. Auch Lessing forderte das Denken mit dem Herzen. Dieses drängt sich der Wirklichkeit nicht auf, sondern lauscht darauf, was die Wirklichkeit zu vermitteln hat.

In einer Zeit der unübersehbaren und gefährlichen Verlockungen, der phantastischen, schwärmerischen und magischen Methoden, die die Selbstverantwortung und die Fähigkeit zu eigener Erfahrung und eigenem Urteil zerstören, will die Freimaurerei mit ihrem Ritus Jahrhunderte, wenn nicht Jahrtausende alten Ritus das Denken mit dem Herzen vermitteln; das intuitive Denken, wie *Goethe* es forderte.

Wir wollen frei werden von verführerischen Ideologien, von den Spitzfindigkeiten materialistischer, spiritistischer, konfessioneller und parteipolitischer Vorurteile. Wir wollen blinden Fanatismus ausklammern. Wir wollen von Arbeit zu Arbeit ein immer aufnahmefähigeres Organ der Wahrnehmung für die Wirklichkeit von oben und unten gewinnen.

Daran soll der Schurz erinnern, der im übertragenen Sinn älter ist als das GOLDENEN VLIES, und in dem Sinne wollen wir der Mitwelt Beispiel geben für Fahrten zum goldenen Vlies.

Der Schurz spielt in unserem ersten großen Licht, der Bibel, eine Rolle. Gott selbst umkleidete Adam und Eva mit einem Lendenschurz, damit sie Beherrschung über sich selbst gewinnen.

Die Propheten *Elias* und *Elisa* erhielten ihre Weisungsfähigkeit durch den Überwurf mit einem Schurz. Und die ESSENER, zu denen auch *Johannes der Täufer* gehörte, trugen als Zeichen ihres Bundes einen Schurz aus Schaffell.

Ein Letztes zum Lehrlingsgrad: Im Jahre 1563 wurde die Straßburger Steinmetzenordnung geschrieben, die für alle deutschen Hütten verbindlich war. Da heißt es u. a.: „Steinmetzengruß und Handschlag sind geheimzuhalten“, wobei der so bezeichnete HANDSCHENK genau dem heutigen Lehrlingsgriff gleichkommt. Ein Passwort gab es nicht. Ausweise auch nicht, da die damaligen Handwerker nicht Lesen und Schreiben beherrschten. Die Gesellen wurden in geheimer Runde mit Zeichen, Wort und Griff vertraut gemacht, denn ohne deren Kenntnis konnten sie in keiner Bauhütte Arbeit bekommen.

Aber wir müssen noch die beiden Säulen **J** und **B** auf Herkunft und Bedeutung untersuchen. Sie standen im Vorhof des Salomonischen Tempels und hatten keine tragende Bedeutung, sondern standen – groß und mächtig – **vor** dem eigentlichen Tempel.

Sie weisen auf die beiden Bäume im Paradies – im Garten der Vollkommenheit – hin: den BAUM DER ERKENNTNIS und den BAUM DES EWIGEN LEBENS, zwei symbolische Darstellungen. Der seherische Dichter der Schöpfungsgeschichte deutet die Entnahme vom Baum der Erkenntnis – von einem Apfel wird nirgendwo gesprochen – als Eingriff in die göttliche Souveränität, so dass die Menschen den Ur- und Einsseinzustand verloren und damit auch nicht mehr teilhaben konnten am Baum des ewigen Lebens.

Somit galten diese beiden Bäume als lebendige Symbole Gottes. Sie waren im Vorhof des Salomonischen Tempels gleichsam Mahnmale an Gottes Gegenwart, uralte Hinweise auf Vereinigung, Erlösung und Vollkommenheit.

Danach stand die Säule **J** aber rechts, die Säule **B** links. Der englische Freimaurer *Samuel Prichard* hat in seiner Darstellung die beiden Seiten vertauscht, und sowohl *Friedrich Ludwig Schröder* wie *Ignaz Feßler* haben den Fehler übernommen.

Nun habe ich, auf Hinweis des Kabbalisten und damaligen israelischen Außenministers *Eban*, eine interessante Bestätigung gefunden.

Bekanntlich gab es im Hebräischen keine Vokale, sondern nur Konsonanten. Also JHW konnte ebensogut *Jahwe* wie *Jehova* bedeuten. Die Konsonanten besaßen für sich Wertigkeiten, was nicht leicht zu deuten war. Daher gab es im damaligen jüdischen Volk die sogenannten Schriftgelehrten.

Das Wort *Jachin* besteht aus dem Zahlenwert 10+20+10–50 = 90. 90 ist aber auch der Zahlenwert für ewiges Leben. Und *Boas* hat den Wortwert 79, genau wie BAUM DER ERKENNTNIS.

Die beiden Säulen sollten den Menschen unmittelbar vor den Großen Baumeister rücken.

Naturwissenschaftliches Wissen kann das Wesen des Menschen nie ganz erfassen. Religiös-esoterisches Erfassen und Erleben kann das Wesen von Gott und Menschen erahnen.

Doch zurück zu Winkelmaß und Zirkel:

Verfolgt man den bisher entwickelten Gedankengang, so verkörpern Winkelmaß und Zirkel die Teilstücke der ursprünglichen All-Einheit, deren Wiederherstellung man als Ziel der Schöpfung auffassen kann. Das feierliche Zusammenlegen der beiden Symbole kann dann als mystische Vereinigung des Oben mit dem Unten, ja der Seele mit Gott, erlebt werden, wie es die Mystiker verstanden. Dieses aber ist allein demjenigen vorbehalten, der diese Handlung erlebt und mit ihr reflektiert.

Symbole können höchst unterschiedlich erlebt werden. Darin liegt ihr Reiz und ihre Fähigkeit, dem Einzelnen in seiner individuellen Persönlichkeitsstruktur gerecht zu werden.

Symbole, und besonders der Freimaurerbund, der sich ihrer bedient, fordern keine bestimmte Weltanschauung.

Legen wir das einmal weltlich aus und sagen Vereinigung von Geist und Materie, so kann man dennoch alle Erscheinungsformen der Gegensätzlichkeit unter dieses Ziel einordnen. Das Zusammenfügen jener beiden großen Lichter der Freimaurerei fordert uns auf, die Gegensätze dieser Welt nicht mehr dualistisch aufzufassen, sondern ihre polare Entsprechung zu erkennen. Harmonisierung des Verhältnisses der Gegenpole zueinander wird unsere Aufgabe.

Wie beim Musivischen Pflaster, wo die Gegensätze von Hell und Dunkel aufeinandertreffen, aber in einer festen Ordnung; zusammengefügt, wie bei Winkelmaß und Zirkel.

Das Wahre – mit dem Göttlichen identisch – erkennen wir nur im Symbol

Das Wort Symbol kommt aus dem Griechischen. SYM-BALLEIN bedeutet „Zusammenbringen“.

So ist das Symbolon etwas Zusammengefügtes.

Das kommt von dem antiken Brauch her, dass Menschen, die Gastfreunde geworden waren, beim Abschied einen Ring in zwei Stücke auseinanderbrachen. Den einen Teil behielt der Gastgeber, den anderen reichte er dem Gast.

Trafen sich die beiden einmal wieder, dann holte man jene beiden Teilstücke hervor und setzte sie feierlich zusammen. So wurde ihnen durch diese feierliche Handlung ihre Gastfreundschaft seelisch ergreifend bewusst.

Und damit sind wir beim Wesen des Symbols, das sich von gewöhnlichen Zeichen oder Buchstaben dadurch unterscheidet, dass es eine tiefere Bedeutung besitzt.

Das Symbol unterscheidet sich von der Allegorie, denn diese ist die Darstellung eines Geschehens oder eines Gegenstandes, um anregend für die Phantasie zu wirken. Zum Beispiel die bekannte weibliche Figur der *Justitia*, die mit verbundenen Augen in der einen Hand eine Waage, in der anderen ein Schwert trägt.

Das Symbol spricht die tieferen Schichten des menschlichen Bewusstseins an. Es wirkt auf das Gemüt und ermöglicht,

Erkenntnisse und Erfahrungen zu gewinnen, die mit Worten nur unvollkommen wiedergegeben werden können.

Das meint *Johann Wolfgang von Goethe*, wenn er sagt: „Das ist die wahre Symbolik, wo das Besondere das Allgemeinere repräsentiert – nicht als Traum oder Schatten –, sondern als lebendige, augenblickliche Offenbarung des Unerforschlichen."

Wie entsteht ein Symbol? Nehmen wir ein simples Beispiel:

Da wandert ein Paar Hand in Hand am Strand entlang. Man spürt, beide sind sehr glücklich. Sie scheinen ihre gegenseitige Liebe erkannt und erfahren zu haben. Da finden sie im Sand einen besonderen Kieselstein. Sie knieen nieder und betrachten ihn, für sie beide in diesem Augenblick ein Naturwunder, wie eine Bestätigung ihres Glücks. Sie nehmen den Stein mit nach Hause.

Und noch nach Jahren hat dieser Stein seinen besonderen Platz in der Wohnung, auch wenn er längst zur Gewohnheit gehört.

Da tritt eines Tages zwischen beiden eine Verstimmung ein. Und zufällig geht einer von beiden an jenem Kieselstein vorbei. Es ist, als ob dieser sprechen könnte und in eine schöne Zeit zurückweist.

Da nimmt er den Stein und reicht ihn wortlos dem Partner. Was sich im Innern der beiden vollziehen mag, entzieht sich der erklärenden Wiedergabe. Für Freunde der Beiden ist dieser Stein eben nur ein schöner Kieselstein. Für die Beiden aber ist er zum Symbol geworden.

Kehren wir zu unseren beiden antiken Gastfreunden zurück. Wenn sie ihren Teil des zerbrochenen Ringes genau betrachten, dann besitzt der eine Teil an der Bruchstelle besonders herausragende Stellen, während der andere Teil des Ringes zurückweichende Stellen aufweist. Das ist nötig, damit beide zu einer Einheit werden können. Im Anpassen, im Angleichen – und wo nötig – im Zurücknehmen, werden beide zur guten Einheit.

So könnten Gedanken über Liebe, Harmonie, über das Einssein aufsteigen.

Ein Symbol ist ja niemals starr und dogmatisch auslegbar. Es verbindet einen Gegenstand mit etwas Geistigem. Ein dynamischer Prozess fügt etwas zusammen. Und das meint das griechische Wort SYMBALLEIN.

Wenn wir freimaurerische Symbole betrachten, dann fällt auf, dass ein großer Teil davon sich auf das Bauhandwerk bezieht. Ein deutlicher Hinweis auf die Herkunft unseres Bundes: aus den Bauhütten des Mittelalters.

Dennoch sind die Werkzeugsymbole nicht Sache von allein den Steinmetzen und Freimaurern. Bereits für den Menschen der Altsteinzeit besaßen Werkzeuge einen Sakralwert. Denken wir nur an den germanischen Donnergott *Thor*, der stets einen Hammer bei sich trug.

Wir stoßen auf Bekenntnisse, dass die Erfindung von Werkzeugen, die das Leben erleichterten, wenn nicht gar verlängerten, die zum Überleben beitrugen, eine göttliche Offenbarung besaßen. So kam es, dass bestimmte Werkzeuge nicht mehr zur Arbeit verwendet wurden, sondern als Symbole aufgestellt wurden.

Des Baumeisters Werkzeug ist der Zirkel, der auf das Geistige, auf das Schöpferische weist. Denken wir an den Großen Baumeister, der als Schöpfer mit einem Zirkel dargestellt wird, der somit das höchste Prinzip verkörpert.

Das Winkelmaß dagegen weist auf den Steinmetzen hin, der aus dem vorgegebenen klobigen Stein den zum Bau nützlichen formte.

Das symbolische Zusammenfügen von Winkelmaß und Zirkel bei jeder Tempelarbeit ist eigentlich vordergründig das Beachten des Bauplans, übertragen gesehen muss unser irdisches Bauen – unser tägliches Handeln – den höheren Gesetzmäßigkeiten entsprechen. Schöpferische Weisheit, dargestellt durch den Zirkel, soll zur praktischen Ausführung gelangen, dargestellt durch das Winkelmaß.

Wer die darin verborgenen Gesetzmäßigkeiten nicht beachtet, dessen Handeln führt zu Dissonanz und Zerstörung.

Das Senkblei und die Winkelwaage waren für einen Bau entscheidende Funktionsträger, wenn dieser senkrecht und dauerhaft stehen sollte. Heute Symbole für aufrechtes und zuverlässiges Wirken.

Den Spitzhammer benutzte der Steinmetz, der aus dem ungefügen Stein die endgültige Form herausarbeiten musste.

Freimaurer übertrugen dieses Symbol auf den Lehrling, der ungeformtes Material und Bearbeitungswerkzeug in einem sein sollte, mithin Arbeit an sich selbst. Aber ein ungefüges und ungeprüftes Drauflosshämmern schadet mehr als es nützt. Mit anderen Worten: Blinder Eifer schadet nur.

Auf unseren Arbeitsteppichen (AFuAM) befindet sich das Symbol des 24-zölligen Längenmaßes zwischen den irdischen Werkzeugen und dem transzendenten Bereich, wo wir Sonne, Mond und Sterne erkennen.

Die Einteilung meiner Zeit soll nicht nur diesseitig gesehen und gehandhabt werden, sondern es gilt auch, meine Zeit darauf einzuteilen, dass ich einmal nicht mehr auf bisherige Weise existieren werde.

Wir alle sind Teil der Vergänglichkeit und des Neuwerdens. Es gilt, dem ewigen Rhythmus nahezukommen, in eine Harmonie zu gelangen, die das Glück bereithält.

Die Loge wird seit jeher als Viereck dargestellt. Es ist seit alters Sinnbild für die Erde, auf die viereckig ein Abdruck aus dem Jenseits fällt. Unsere Vorfahren erblickten am Himmel vier Sterne, im Rechteck angeordnet. Dahinter meinten sie die Gottheit zu ahnen, die sie auf die Erde herunterholen wollten, indem sie einen Reigen tanzten, der in Rechteckform verlief.

Wenn wir den Tempel betreten, so tun wir dies in Rechteckform. Wir sagen, wir folgen dem Lauf der Sonne, aber gemessen an den Vorstellungen der Früheren, so steckt weit mehr dahinter.

Man entgleitet in eine andere Welt – in welche?

Vom Erlebnis des Todes

Unser Bruder *Johann Wolfgang von Goethe* hat es uns gesagt:

> Des Menschen Seele gleicht dem Wasser.
> Vom Himmel kommt es,
> Zum Himmel steigt es,
> Und wieder nieder zur Erde muss es,
> Ewig wechselnd.
>
> Seele des Menschen,
> wie gleichst du dem Wasser!
> Schicksal des Menschen,
> wie gleichst du dem Wind!
>
> Und solang du das nicht hast
> Dieses Stirb und Werde,
> Bist du nur ein trüber Gast
> Auf der dunklen Erde.

Wir wissen, dass nur eines in unserem Leben gewiss ist: Unser Tod. Aber wir wehren uns dagegen, dass ein Mensch einen a n d e r e n tötet. Eine tiefe Ahnung schwingt im Unterbewusstsein mit, dass Anfang und Ende eines Lebens allein bei dem ewigen Baumeister liegen.

Unser Verstand bläht sich zwar auf wegen seines ungeheuren Wissens und wähnt sich erhaben gegenüber jenen, die vor

Jahrhunderten lebten – aber unser Wissen um die Dinge, die man nur mit dem Herzen erfassen kann, ist so sehr klein geworden! Und doch spürt jeder Mensch in seinem Unterbewusstsein etwas davon, dass in jedem Menschen ein Gottesgedanke lebt. In jedem Stück der Schöpfung offenbart sich ein solcher Reichtum, eine solche Fülle des GROSSEN BAUMEISTERS, dass wir davor stille werden müssen, weil die Erkenntnis so groß und so heilig ist.

Das spürt der Mensch auch heute noch, ganz tief innen, dass in jedem Menschen ein Schöpfungsgedanke des Ewigen ruht, was uns dann verbietet, diesen Gottesgedanken durch gewaltsamen Tod aus unserer Welt zu drängen. Das spürten und glaubten die Menschen früherer Zeiten viel inniger und bewusster und – waren zufrieden dabei.

Heißt es nicht auch in unserem ersten GROSSEN LICHT, der Bibel, dass Gott sich den Menschen zum Bilde schuf? Genau übersetzt zu seinem Schattenbilde?

Haben wir schon darüber nachgedacht, welcher Sinn in dem Wort Persönlichkeit liegt? Es kommt aus dem Lateinischen PERSONARE (Hindurchtönen) und bedeutet nichts anderes, als dass der ewige Gott durch einen jeden von uns hindurchtönen wolle. Aber wir missbrauchen die uns gegebene Freiheit und schieben das Ewige beiseite. Daher gibt es so wenig Persönlichkeiten, denen man abspürt, dass sie etwas vom Ewigen ausleben. Freimaurer sollten darum wissen, dass in jedem Bruder ein besonderer Gottesgedanke, dass darum in jedem Glied unserer Kette etwas so sehr Wertvolles gebunden liegt.

Mein heutiges Thema lautet VOM ERLEBNIS DES TODES. Die Frage ist berechtigt, wieso ich dazu komme, dieses Thema zu wählen, wo ich selber den Tod doch noch gar nicht erlebt habe.

Da irren wir uns, wenn wir denken, tot sein, nicht mehr auf dieser Erde leben, ist doch etwas ganz anderes als ein Todes-Erlebnis gehabt zu haben.

Erlaubt mir, meine Brüder, wenn ich etwas aus dem letzten Krieg berichte, etwas ganz persönlich Erlebtes, weil das unmittelbarer ist, als wenn ich einen Dichter zitiere.

Ich wurde gleich nach meinem Abitur zu den Panzern einberufen. Diese Truppe trägt den Angriffsgeist in sich, und so habe ich mitgeholfen zu zerstören, zu vernichten, und der, den wir vernichten sollten, hat seinerseits alles getan, um uns auszulöschen.

Eines Tages, es war der 13. Juli 1943, fuhren wir in eine prächtig getarnte Stellung der feindlichen Panzerabwehr hinein. Es krachte, und mein Panzer brannte. Ich sah, wie mein Richt- und mein Ladeschütze sich aufbäumten, ehe sie „hinüberwechselten“ und sich den Flammen ergaben. Ich selber war von meinem Sitz im Turm herabgeschleudert worden, spürte, dass ich einen großen Granatsplitter in der rechten Hüfte hatte und mein rechtes Bein nicht mehr bewegen konnte. Ich schloss die Augen und spürte, dass mein Leben hier auf den Höhen von Lomna-Mzensk sein Ende hatte.

Die Flammen füllten bereits den gesamten Innenraum, ich sackte vornüber, aber im selben Augenblick flog gleich einem rasenden Film mein ganzes bisheriges Leben an mir vorüber.

Es war der Abschied, aber zugleich entstand aus dieser Rückerinnerung ein noch ungebrochener Wille zum Leben. Es war wie ein Aufbäumen und brachte mich zurück von jener Grenze, über die wir nicht wieder zurückkommen.

Ich weiß nicht, wie ich trotz meines lahmen Beines herausgekommen bin; jedenfalls wälzte ich mich im taufrischen

Gras und löschte die Flammen an meinem Körper. Neben mir brannte prasselnd mein Panzer mit den vier Kameraden. Als das Bewusstsein zurückkam, dass ich knappe 200 Meter vor den feindlichen Linien lag, da ließen die Kräfte nach, und ich gab auf.

Als Junge hatte ich im Elternhause die Bilderbibel von *Schnorr von Carolsfeld* in mich aufgenommen. Ich kannte alle Bilder und erlebte in dem Moment die Wirklichkeit jenes Satzes: „Ich lebe, und ihr sollt auch leben!"

Und das gab mir neuen Elan, rund elf Stunden robbte ich zu unseren Linien zurück – von beiden Seiten wurde wie irrsinnig geschossen –, dann brach mein Bewusstsein zusammen. Später vermeldete mein Krankenbericht, dass ich 28 Tage bewusstlos gewesen und von Traubenzucker- und Kochsalzspritzen ernährt worden war.

Ich wachte auf in einem herrlichen Lazarett in der Nähe von Warschau. Ein Jahr lang lag ich dort, wurde operiert, hatte das linke Augenlicht verloren; und ich war innerlich ganz still geworden, denn ich lauschte beständig in jene Stunden zurück, in denen ich etwas erlebt hatte, was für mich bis dahin kaum existierte: Die Allmacht Gottes, und jenes brennende Fahrzeug, in dem meine 4 Kameraden den Weg nach drüben hatten machen müssen.

Dann kam ich wieder zum Einsatz, und in meinen Armen starb ein Kamerad. Ich hielt seinen Körper, aber die Seele konnte ich nicht halten. Es kam mir zum Bewusstsein, dass der Körper ohne die Seele nichts ist. Allein der Geist ist es, der das Leben ausmacht.

Wie brachen in jener Zeit die doch so fest gewesenen Vorstellungen von Lebensstandard und Fortschrittsoptimismus zusammen!

Wir, die wir täglich der Grenze des irdischen Lebens zu jenem „Drüben“ begegneten, lebten ja längst jenseits von Angebot und Nachfrage, jenseits von Pathos und Ruhm, jenseits von Gut und Böse.

Und wenn ich das hier und heute betone, so um allen zuzurufen: Der Kampf um unsere menschliche Existenz kann nicht mit Habgier, Machtgelüsten, Geltungsbedürfnis und Suchtbefriedigung geführt werden!

Brüder Freimaurer haben sich davon freizumachen und sich in jeder ihrer rituellen Arbeiten zu sorgen um die Welt der menschlichen Würde, der wahren Schönheit unseres Lebens und des Glücks brüderlicher Bindungen.

Und ich erinnere mich jener Flüchtlingsfrau im letzten Wagen des Trecks von Liegnitz nach Sagan hinauf. Wir deckten damals die Menge der Flüchtlinge vor dem nachdrängenden Feind. Es war eisiger Winter, und als der Treck zu einem Halt kam, nahm die Frau ihr Baby vom Wagen, aber es reagierte nicht mehr. Der Winter war zu eisig. Da schrie die Mutter wie wahnsinnig, hielt das Kind vor sich und rannte aufs Feld, durch den Schnee, immer weiter, bis sie zusammenbrach.

Wo Leben und Sterben so nahe aneinandergerückt werden, da zerrt es am Menschen, da sind wir in die Zerreißprobe genommen. Und so wird es immer sein bei der letzten Gegenüberstellung. Immer zerrt und reißt es, weil wir nicht Herren über Leben und Tod sind, sondern preisgegeben einer höheren Macht.

Die alte Geschichte berichtet von den Christen, die singend ihren Tod als Märtyrer erduldeten. Die neuere Geschichte berichtet solches von buddhistischen Mönchen. Ihr Glaube, ihr Geist, waren gerüstet, den Schritt über die letzte Grenze zu tun und voller Erwartung in ein neues Leben einzugehen.

Eine Fähigkeit, die von hüben nach drüben reicht. Das sagt uns die Geschichte, und so sagt es mir mein Erlebnis: Das Wesentliche wird erst beim Sterben offenbar.

Wie heißt es doch in unserem ersten GROSSEN LICHT:

„Bedenke, dass du sterben musst,
auf dass du klug werdest."

Schaue ich aber in die Gegenwart und um mich herum, so begegne ich einem Benehmen, als ob es kein Sterben mehr gäbe, als ob unser Leben ewig dauere.

Dagegen sagt der weise *Angelus Silesius*:

„Mensch, werde wesentlich,
Denn, wenn die Welt vergeht,
Dann fällt der Flitter weg.
Das Wesen, das besteht."

So ist es Aufgabe von uns Brüdern, das „Sterben-Müssen" vor Augen zu haben, damit wir uns auf das Wesentliche besinnen und danach leben. Die falsche und verlogene Sicherheit ist das, was ein törichtes Sprichwort bürgerlicher Sattheit so ausdrückt:

„Eine gutes Gewissen,
ist ein sanftes Ruhekissen."

Welche Überheblichkeit schwingt da mit!

Wer wagt es denn, über seinem bisherigen Leben die Tafel anzubringen, dass er ein gutes Gewissen habe? Ich setze dagegen, dass die falsche Sicherheit eines „ichsüchtig-guten" Gewissens zur Schläfrigkeit der besten Tugenden führt. Nur ein schlechtes Gewissen schläft nicht ein!

Nicht, was der Mensch *getan* hat, sondern was wir aus Trägheit und Selbstsucht am Nächsten zu tun vergaßen, das wird in der Ewigkeit gebunden sein als Spruch über unserem Leben. Überwindung geschieht nicht am anderen, sondern zunächst in uns selbst. Und damit stehen wir wieder am Anfang unseres freimaurerischen Lebens:

ERKENNE DICH SELBST!

Es genügt nicht, Freimaurer zu sein, wenn man sich lediglich bemüht, edel, hilfreich und gut zu sein. Wir müssen das ungute Wesen in uns absterben lassen, um dann das zu werden, was wir sein sollen und auch sein können. Stirb dir selbst und dann werde! Wer die helle Stube liebt, der muss die Lampe putzen! Kein Bruder wird in seiner Loge glücklich ohne sein Zutun!

Beständig ist nur der Wechsel, und wir alle haben den letzten Wechsel eines Tages zu erfahren. Vorher sehen wir den Tod nur an anderen. Es tut uns dann jedesmal leid, aber es trifft uns nicht.

Sind wir bereit, dem Wechsel ins andere Leben bewusst entgegenzusehen? Ja, wir müssen als Maurer bauen, als hätten wir für die Ewigkeit zu arbeiten, aber zu leben, als sei heute der letzte Tag!

Besitzen wir schon die große Gelassenheit, die uns heiter erscheinen lässt, weil wir die Morgenröte wittern? Nähren wir die Erkenntnis, dass wir den Kampf gegen die Selbstgefälligkeit zu führen haben, der mit dem Tod des Egoismus beginnt. Selbst beim Gerechtesten und Pflichttreuesten muss der Maurer sich mit dem Todeserlebnis in sich mühen. Auf das „Erkenne-dich-selbst“ muss das Erlebnis des „Sich-Absterbens“ folgen.

In einem unserer Rituale hören wir von Gebräuchen und Formen, von Zahlen und Symbolen. Es liegt ein Geheimnis über allem, wie auch über „Leben und Abberufen-werden" ein Geheimnis liegt.

Des Lebens Schritte führen dich,
O Mensch, zum Grabe hin,
das deiner dunkel-schwer erwartet.
Nur was an deinem Wesen der Lichtnatur entstammt
und was an dir selbst durch deine Taten,
deinen Wandel du durchlichtet hast,
wird, sich dem Grab entwindend, auferstehn.

Bildlich gesprochen, ruhen die höheren Kräfte als Samenkorn im Menscheninneren. Der Same geht erst auf, wenn Sonnenschein, Wärme und Regen auf ihn eingewirkt haben. Auch muss die Erde bearbeitet werden. Aus dieser Erkenntnis und im Erwarten auf die im Menschen ruhenden höheren Kräfte muss der Mensch Gärtner in seinem Seelengarten sein. Da muss ständig viel Unkraut gejätet werden.

Wir Brüder wissen um unsere rituelle Arbeit, die uns besonders im 3. Grad den Gedanken und die Hoffnung auf das „Danach" nahebringt.

Unser Leben ist doch nicht mit der kurzen Erdenfrist zu Ende. Das schiene sinnlos. Alles im ewigen Leben hat seinen Wert und seinen Sinn.

Auch der große *Goethe* wusste darum, der in einer seiner Zeichnungen von dem STIRB UND WERDE – nicht von dem WERDE UND STIRB DANN, sondern von dem Bewusstsein, dass der Große und ewige Baumeister kein Vergehen kennt, sprach.

Als *Johann Gottfried Herder* gefragt wurde, ob er an ein Fortleben nach dem Tode glaube, hat er geantwortet:

> „Ich glaube an die Fortdauer meines Lebens.
> Alles ist nur ständig im Wandel."

Und ich schließe mit *Goethe*:

> „Und solang du das nicht hast,
> dieses STIRB UND WERDE,
> bist du nur ein trüber Gast
> auf der dunklen Erde."

Unser Leben ist nur ein Vorzimmer zu unserer größeren Wirklichkeit. Und diese größere Wirklichkeit wartet auf uns, wir aber wehren uns dagegen. Wohl auch mit Recht. Aber diese Wirklichkeit – Vergeben können, Liebe üben, zur Hilfe bereit sein –, das alles ist wie eine Vorbereitung auf die Vollendung hin.

Ich heiße euch hoffen!

Über die freimaurerische Auffassung vom Vergänglichen und vom Beständigen

Eine Glaubenslehre besitzt die Freimaurerei nicht, schon gar nicht eine, die etwas aussagt über die wie auch immer geartete Existenz nach dem Tode. Lediglich in den von *Evans* in New York verfassten ALTEN LANDMARKEN heißt es in der zweiten:

> „Jeder, der sich um Zulassung zur Freimaurerei bewirbt, muss vor seiner Aufnahme den Glauben an ... und an die Unsterblichkeit der Seele bekunden."

Und der amerikanische Jurist *Roscoe Pound* engte die Landmarken auf sieben zusammen, deren zweite lautet: „Glaube an die Fortdauer der Persönlichkeit." Was immer das bedeuten mag.

In den von *Anderson* erwähnten Landmarken, die also sehr viel älter sind als die ALTEN PFLICHTEN VON 1723, wurde vorausgesetzt, dass diese allgemein bekannt sind und als unverrückbare Grenzsteine für die Königliche Kunst zu gelten haben.

Ohne je klar definiert worden zu sein, ist deren Inhalt mündlich und über den Ritualinhalt und unsere weltweit gleichen Gebräuche in unsere Zeit überkommen. Und in den ALTEN PFLICHTEN VON 1723 wird etwas über die den Maurer mit seinen Brüdern verbindende Religion gesprochen. Und religiöse Bereiche betreten wir, wenn wir nach dem fragen, was nach unserem Tode sich mit uns ereignet.

Um ein Bruderbund sein zu können, ist uns jeder rechtschaffene Mann willkommen, wir fragen nicht nach seiner Religion noch Konfession; nur ein irgendwie vorhandenes Verhältnis zu dem über uns waltenden GROSSEN MEISTER muss vorhanden sein.

Was wird denn so landläufig in den Logen über das gesagt, wenn ein Bruder die Kette der Hände verlassen musste?
„Eingegangen in den ewigen Osten."
„Die irdischen Werkzeuge niedergelegt."
„Zu höherer Arbeit abberufen."
„Eingegangen in das strahlende Licht."

Und früher einmal hieß es: „Vom Allmächtigen Baumeister abberufen zur Arbeit in seinem Licht."

Wir stellen fest, dass es unfreimaurerisch ist, über den Tod und das auf ihn Folgende auszusagen: Mit dem Tode ist alles aus. Oder: Dann kommt das große, gähnende Nichts.

Gehen wir zunächst einmal zu *Johann Gottfried Herder*, den Mitschöpfer des SCHRÖDERSCHEN RITUALS. Er sagte:

> „Nichts kann untergehen, nichts vernichtet werden oder Gott müsste sich selbst vernichten. Alles Zusammengesetzte wird zwar eines Tages aufgelöst, aber nach Ort und Zeit wird es wandern und sich wandeln."

Das war die Aussage eines der drei Großen aus Weimar, von der Loge AMALIA, die einmal zur Großen Loge von Hamburg gehörte.

Ich befrage den anderen, den *Johann Wolfgang von Goethe*, der bis zu seinem 63. Lebensjahr ein eifriger am Logenleben Beteiligter war, der dann um Dispens von den Logenarbeiten bat, aber noch seinen Sohn zuführte und zu allen Logenereignissen Texte und Gedichte verfasste, so aus Anlass seines 50. Maurerjubiläums dieses, von dem wir wissen, dass er sich in ihm mit dem Vergänglichen und dem über den Tod hinaus Beständigen auseinandersetzte, und wir in seinen Zeilen eine der freimaurerischen Aussagen finden:

„Lasst fahren hin das allzu Flüchtige,
Ihr sucht bei ihm vergebens Rat.
In dem Vergangnen lebt das Tüchtige,
Verewigt sich in schöner Tat.

Und so gewinnt sich das Lebendige
Durch Folg aus Folge neue Kraft,
Denn die Gesinnung, die beständige,
Sie macht allein den Menschen dauerhaft.

So löst sich jene große Frage
Nach unserm zweiten Vaterland:
Denn das Beständige der irdschen Tage
Verbürgt uns ewigen Bestand."

Er spricht von der Beständigkeit, der etwas Ewiges anhaftet. Aber sieht die Wirklichkeit um uns nicht ganz anders aus? Herrscht nicht Unruhe und eine das Dauerhafte verdrängende Betriebsamkeit? Haben wir es nicht verlernt, eine Entwicklung in gelassener Zuversicht reifen zu lassen und abzuwarten? Sind wir nicht umgeben von Manipulationen, Neid, Machtgelüsten, dem scheinbar eingegebenen Trieb nach Besitzmehrung, der Hast nach Neuem, Sensationellem, nach gewollter, aber nicht erlebter Freude? Sind nicht Angst vor der Zukunft und Unzufriedenheit über die Gegenwart die bestimmenden Realitäten, die so ganz und gar nichts Beständiges zu besitzen scheinen?

Wir leben in Zeiten der Unrast. Kriege hin und her beweisen die Unfähigkeit der Regierungen, zu einer friedlichen, stetigen

Entwicklung zu gelangen, und neue Systeme und Ideologien verändern die Welt. Für welchen Erdrutsch hat allein der Kommunismus in nur einem halben Jahrhundert gesorgt und das Antlitz der Erde verändert!

Und auf dem Gebiet von Sitte und Moral haben sich allein innerhalb unseres Lebens gewaltige Dammbrüche ereignet. Welch eine trübe Flut hat sich in Herzen und Hirne besonders junger Menschen ergossen, die noch keine Vergleichsmöglichkeit haben und auf einmal Angst vor der Zukunft bekommen! Zudem kennzeichnen tiefgehende Erschütterungen unser wirtschaftliches Leben, sowohl im Westen wie im Osten, weil der berufliche Bereich weithin nur materiellen Maßstäben unterworfen ist.

Und blicken wir in die Geschichte, so stellen wir fest, dass die Umlaufgeschwindigkeit historischer Wandlungen ständig zunimmt. Aufstieg und Untergang von Zivilisationen, Kulturen und Reichen vollziehen sich in immer schnellerem Rhythmus. Und noch nie ist eine Gesellschaft in so kurzer Zeit aus Elend und Ruinen derart hochgeklettert, wie wir Bürger in der Bundesrepublik nach dem Zweiten Weltkrieg. Und noch nie haben Menschen den Scheitelpunkt ihres Wohlstandes so schnell wieder hinter sich gelassen und mit dem Abstieg begonnen, wie wir Deutschen.

Grenzen der wie Unkraut wuchernden Anspruchsinflation sind nicht in Sicht. Bequemlichkeit und ungezügelte Freiheit nehmen zu, Überalterung und Kinderschwund stehen sich gegenüber, die Wirtschaftswunderkinder stehen noch oben, aber sie starren in den Abgrund.

Warnungen und programmatische Reden hat es genug gegeben. Eine Umkehr im Verhalten unserer Gesellschaft scheint nicht sichtbar. Ohne tiefgreifende Erschütterung ist eine Besinnung wohl nicht möglich.

Unsicherheit und Angst vor der Zukunft haben sich in die Gedanken eingeschlichen. Dabei bemühen sich alle Menschen um Sicherheit, um Beständigkeit!

Die dem Leben früher Sicherheit vermittelnde Beziehung ist brüchig geworden: die zur Transzendenz, zu dem, was jenseits ist, zu dem, was ordnend waltet – jenseits unserer irdschen Tage. Der allen Menschen gewisse Tod wurde aus dem Bewusstsein gestrichen, er passt nicht in die Zeit, passt nicht zu Fortschritt, und Jugendlichkeit wird in der Werbung als erstrebenswerter Dauerzustand angepriesen. Das Verhältnis zu dem, was jenseits und beständig ist, das ging verloren.

Der Mensch ist mit einem Bewusstsein für Gut und Böse ausgestattet. Er kann Entscheidungen fällen, kann Vorteile abwägen, Nutzen erzielen, kann den Naturgesetzen trotzen, sie missachten, sie stören – er scheint unbeschränkter Herrscher. In der Spanne seiner irdschen Tage liegen die Entscheidungen.

Seine Hände können an sich reißen – aber auch befreien. Können fortjagen, aber auch einladen. Können ebenso verletzen wie heilen. Können drohen, aber auch grüßen. Können sich zur Faust ballen, aber sich auch zum Gebet falten.

So sind wir alle beständig hineingeworfen in Entscheidungen für das Rechte oder das Unrechte, nur unser Gespür für die rechte Gesinnung bei all unserem Tun ist so außerordentlich unsicher geworden. Wir schwanken durch unsere Zeit, weil die Moral unsicher geworden ist.

Bisher gültige, als unabdingbar geltende Richtpunkte menschlichen Verhaltens in der sozialen Gemeinschaft sind in den Abfalleimer der Geschichte geraten. Religion, Autorität, Familienbildung, Respekt vor dem Alter, also Dinge des persönlichen Umgangs miteinander, sind weitgehend als Leitmotiv verdrängt oder bereits verkümmert.

Eine Kluft ist entstanden, die durch Pathos, Programme, Appelle und viel Diskutiererei gefüllt zu werden versucht wird, aber all das gehört zu dem Allzu-Flüchtigen. Die Kluft könnte durch das Ausleben eines ethischen Normencodex ausgefüllt werden, denn das wäre ein Wegweiser zur Beständigkeit.

Mit dem ichbezogenen Wohlstandsdenken ist aber eine Gesellschaft entstanden, der die moralischen Fundamente fehlen. Unsere gesellschaftlichen Verhältnisse lassen an das Ende des Römischen Reiches denken, mit seinem Mangel an weiterführender Kraft.

Wir könnten auch zum Vergleich die Kirche heranziehen. Welche Explosionskraft besaßen die Jünger Jesu, als sie sich allein tragen ließen vom Wort und der Liebe des Meisters. Als aber die Kirche sich im Weltlichen etablierte, in dem irrigen Vorsatz, ein Reich Gottes auf Erden aufzurichten, sich mit Macht und all den bösen Attributen der Macht umgab wie Zensur, Gesinnungsschnüffelei, Reichtum und der Einschüchterung der Gläubigen bis hin zu Folterungen und Scheiterhaufen, fehlte es auch dort an der weiterführenden Kraft.

So liefert die Geschichte der Menschheit zahllose Beispiele, dass immer dann, wenn die sittliche Gesinnung fehlt, es mit den Völkern bergab geht. Und in diesem Prozess stehen wir heute, und das müssen wir Freimaurer als geschichtlichen Anruf erkennen. Aber zurück zum Thema.

Wir genießen die Freiheit, aber es ist eine Freiheit ohne Sendungsbewusstsein. Der Frieden wird durch gegenseitiges Misstrauen und entsprechendes Waffenpotential gesichert, nicht durch die Friedfertigkeit der Bürger.

Und da wird von der Beständigkeit der irdschen Tage gesprochen? Alle Menschen streben auf die eine oder andere Weise eine Änderung des gegenwärtigen Zustands an. Meist versuchen sie es durch neue politische Systeme und Gesetze. Dass zuerst der einzelne Mensch sich ändern müsse, um wie ein Magnet zum Guten in seiner Umwelt zu wirken, wird kaum erkannt. Aber da gibt es nun diese einmalige Einrichtung, der auch *Goethe*, *Herder* und *Wieland* verpflichtet waren, dargestellt durch Symbole, verhüllt durch Allegorien, und dieses System soll eine Lebensweise ermöglichen, sich aufrecht und in gutem Verhältnis zu seinen Mitmenschen zu befinden. Dieses System verwirklicht sich – für die Mitglieder meist unmerklich – in der Form der Loge. Und zahlreiche Logen besitzen bereits ein beträchtliches Alter, in der Tat etwas Beständiges in der um uns brandenden Unbeständigkeit.

Meinte *Goethe* mit „Das Beständige der irdschen Tage" aber nur dieses? Sah er, der Weise von Weimar, der große Meister ohne Logenamt, nur dieses, wenn er das Beständige anruft? Er drückt auf seine Weise einmal im Gespräch mit *Eckermann* das Verhältnis zwischen Vergänglichem und Beständigem so aus:

> „Die ganze und immer fortdauernde Schöpfung ist zu erhaben, als dass je etwas von ihr verlorengeht. Es gibt im Weltenzusammenhang kein Ende, kein Nichts. Alles ist geprägt durch eine große Souveränität, die nicht mit menschlichem Maß zu messen ist. Und diese Ordnung im Weltenganzen – durch uns gewaltig erscheinende Naturereignisse in unermesslichen Zeiträumen und Ausdehnungen dann und wann, aber nur scheinbar gestört – dauert fort, und mag menschliches Nützlichkeitsstreben, mögen Machtgelüste und Forschungsdrang noch soviel Unruhe und Unsicherheit und Unbehagen hervorbringen und immer wieder erneut hervorbringen, jenes große Beständige aus der überirdischen Welt segelt ruhig und erhaben und ungestört seinen Weg durch die Zeiten."

Wir Freimaurer bedienen uns des Codeworts GROSSER BAUMEISTER ALLER WELTEN, denn dieses große Gegenüber, durch unseren Geist nicht fassbar, nur anbetbar, lässt in dem aufblickenden Bruder eine unsern Verstand entmachtende Ballung von Weisheit, Stärke und Schönheit erahnen.

Bei jeder Logenöffnung ritueller Art geht es um die symbolische Annäherung der geschlossenen Logenbruderschaft an dieses große Gegenüber, das unsere Tage überdauern wird. Darum steht auch die Bruderschaft in Ordnung, wenn die drei Hammerführenden nach ihrem Platz in der Loge gefragt werden und ihre Antworten keinen Platz benennen, sondern in die Unendlichkeit verweisen. Auch die irdische Zeitrechnung wird aufgehoben. Ritueller Versuch – und rituelle Tat! – die Bruderschaft mit dem großen Beständigen in ahnungsvolle Berührung zu bringen.

Unser Leben besitzt viel Überflüssiges, Flüchtiges. Wir wissen, dass wir bei ihm keinen Rat bekommen. Eigenartig, dass uns aus der Vergangenheit viel Gutes und Erinnernswertes erhalten bleibt. Das Böse wird klein, das Gute wächst in der Erinnerung. Wird lebendig erhalten, und von Generation zu Generation übertragen, wie wir das Gefäß mit der Königlichen Kunst erhielten, sie zu bewahren und an die uns Nachfolgenden weiterzugeben haben. So wächst durch Folg aus Folge neue Kraft. Ja, aber es kommt nach *Goethe* auf die menschliche Gesinnung an, die erst den Menschen dauerhaft macht. – Wie das?

Da entdecken wir doch ungeheure Gegensätze, zahlreiche Widersprüche: Böse und gut, Liebe und Hass, hell und dunkel, selbstlos und gierig, irdisch und ewig. Das musivische Pflaster weist darauf hin. Und doch kann sich Leben und Welt nur erhalten in einem wunderbaren Spannungsverhältnis zueinander, das zwar immer wieder aus sich heraus erschüttert wird, aber zugleich doch immer wieder in das rechte Maß einmündet. Dieses rechte Maß für das Zusammenhalten der Gegensätze – symbolisch im Zirkel ausgedrückt – finden wir in der Liebe, und der GROSSE BAUMEISTER muss ein unvorstellbar Liebender sein, dass Welten und Menschen trotz allem im Lot bleiben.

In der Liebe wird etwas von diesem Beständigen deutlich, das in uns hineingelegt ist, und dessen Steigerung – durch pflegliche Arbeit an sich selbst – die Verbrüderung ist.

Liebe deinen Nächsten wie dich selbst, tue anderen nichts, was dir selber missfallen würde, das ist das Gesetz der Verbrüderung, das im Herzen ankert und keiner Paragraphen bedarf! Appelle an die Toleranz sind überhaupt nichts, wenn diese Toleranz nicht von der Liebe zum Menschenbruder durchblutet ist.

Noch ein anderer Wert der beständigen Gesinnung. Es ist die Güte. Es gibt sie nicht ohne persönlichen Schmerz. Der Gütige überwindet die Enttäuschung, hilft und heilt und kann darauf warten, dass der andere, dem seine Aufmerksamkeit gilt, auf den rechten Weg findet. Güte ist brüderliches Nachwarten.

Das rechte Maß für das überdauernde Beständige finden wir auch in der Treue. Sie hält nicht nur fest am für recht Erkannten. Treue steht zum gegebenen Wort. Treue ist der Grund für Verlässlichkeit und Freundschaft. In der Treue wird auch das Schweigen über Anvertrautes bewahrt. Darum wussten die Maurer auch, warum sie seit jeher den treuen Bruder ehrten, weil sie damit eine Aussage über die Freimaurerei machten. Treue ist Bürgschaft für das Beständige. Aus geübter Treue entsteht jener Haltungskodex, diesem wohltuenden Merkmal am Winkelmaß gereifter Männer.

Und so folgert jene schon in den ALTEN PFLICHTEN herausgestellte religiöse Haltung des Maurers, dass für ihn Religion nicht das ist, was man nur glaubt, sondern das, wie einer sich seiner Umwelt gegenüber beweist. In der **Liebe**, der **Güte**, der **Treue**, in der **Zuverlässigkeit** wird jene Gesinnung deutlich, die über ein Menschenleben hinausweist.

Mit unseren Arbeiten wollen wir den Bruder anregen, sich mit der Wahrheit der Dinge erfüllen zu lassen und vom flüchtigen Rauch der Meinungen abzurücken. Wir betreiben die Wissenschaft vom Besten oder – mehr noch – die Wissenschaft vom Nichtwissen dessen, was sich der GROSSE BAUMEISTER vorbehalten hat, und damit klinken wir uns unbewusst in das Beständige ein.

Goethe hat in seinem Logenlied „Lasst fahren hin das allzu Flüchtige“ an die schon erwähnte Landmarke erinnert, die die Fortdauer der Seele betont, wovon schon *Plato* überzeugt war. Dieses aber bitte im übergreifenden, freimaurerischen Sinn: Das Beständige der irdschen Tage verbürgt uns ewigen Bestand.

Was wir an beständiger, ewigkeitsbezogener Gesinnung in unseren Tagen beweisen, ist wie eine Bürgschaft für deren Dauerhaftigkeit über unser bewusstes Leben hinaus. Darum soll auch unser Tempelbau errichtet werden nach den Ideen und Richtmaßen des GROSSEN BAUMEISTERS – nach Winkel, Waage und Senkblei – weil wir dem Urbild alles Ganzen und alles Vorhandenen nach Maß, Zahl, Lage und Zweck folgen wollen, wie es uns vorgezeichnet ist, und wie wir die Wunder der Harmonie der Gegensätze bei jenem großen Souverän bestaunen.

Es wird berichtet, dass *Moses* nach Gottes Willen die Stiftshütte errichtete, dann *Salomo* den Tempel erbaute, und dieser galt als ein Weltwunder. Er wurde auf Anweisung Gottes, wie es heißt, auf dem Berge Moriah erbaut, und Moriah heißt: Gottes Angesicht. Die Grundlage des Tempels sollte das Gesicht Gottes sein, dass heißt, durch alles Sichtbare des Bauwerks hindurch soll der unsichtbare GROSSE BAUMEISTER DER WELT vom Geist des Menschen geschaut und dann auf rechte Weise verehrt werden können.

Die Baustoffe des Salomonischen Tempels waren Holz und Steine. Wir sagen: „Die Steine, deren wir bedürfen, sind die Menschen." Das meint, dass durch unsere Haltung etwas sichtbar werden soll von der Würde, Erhabenheit und Harmonie des ewigen Gesetzes. Jeder Stein an einem Bau – jeder Bruder einer Loge – bekommt seinen Sinn nur vom Ganzen her.

Was wir durch immer wiederholtes Erleben während der Tempelarbeiten – und wenn nur im Unterbewusstsein – in uns aufnehmen, das reift in uns zur Regulative für unser Leben, so dass wir Mitträger einer Haltung, einer Gesinnung werden, die fortdauert, auch wenn uns die Werkzeuge aus der Hand genommen werden.

Das Tüchtige, darunter verstand *Goethe* das von den Brüdern in der Tempelarbeit Gewonnene. Dieses Tüchtige weist über das Leben des einzelnen weit hinaus, und auch unsere Werkstücke sollen einmal über uns hinausweisen.

Das veranlasst uns, demütig zu erkennen, dass auch in uns eine Dauerhaftigkeit Leben gewinnen kann. Diese Erkenntnis darf den Freimaurer nicht hochmütig machen, aber es ist eine erstaunliche und große Sache um die Freimaurerei, deren Symbolik aus den Bauhütten der Steinmetze, deren Weisheiten von den Anfängen der Menschheit auf uns überkommen sind, gekrönt durch die Lehre Christi, bestätigt durch die Aufklärung, dass diese Freimaurerei eine Bürgschaft bietet, eine Garantie für Beständigkeit, weit über alles Vergängliche hinaus.

Darum ist es auch recht, wenn im Geiste jedesmal die Kette mit den Brüdern gebildet wird, die ortsabwesend, und vor allem mit denen gebildet wird, die sich einmal redlich mühten und aus der Kette der Hände entlassen werden mussten. Das Tüchtige ihrer Tage wirkt weiter bis in unsere Gegenwart und über uns hinaus. Neben unserer horizontalen lebendigen Kette die Kette vertikal, die im Geiste alle vor uns einschließt.

So ist die Loge Inbegriff von Dauerhaftigkeit, eine im Irrationalen begründete und doch im Gegenwärtigen sich beweisende Einrichtung, deren Geheimnis im fortwährenden Geheimnis des Lebens und des obwaltenden GROSSEN BAUMEISTERS liegt.

Goethe macht keine Glaubensaussage. Aber mit der Verbindung von einer sich bewährenden sittlichen Haltung im irdischen Leben und jenem zweiten Vaterland entspricht er unserer freimaurerischen Vorstellung, die alle Brüder einschließt, gleich welchen Glaubens, einer Vorstellung, mit der sich gut leben läßt.

Trauerloge

„Wohl ist alles in der Natur Wechsel,
aber hinter dem Wechselnden
ruhet ein Ewiges“
Goethe

Wir haben uns versammelt, um fremdes Sterben zu beklagen, und das eigene zu lernen.

Wir gedenken der toten Brüder, wollen ihr Bild bewahren und so ihr Dasein hinüberretten ins fortdauernde Leben.

Das hat von jeher den Menschen zum Menschen gemacht, indem er den Abgeschiedenen die Treue bewahrte und sich dadurch selbst zu sammeln auf ein Ewiges hin.

Zwei mythische Symbole sind es, die den abendländischen Menschen in seinem Verhältnis zu den Toten bestimmen: Unterwelt und Überwelt, Elysium und Paradies: Das Sein der Toten als ein Schattenleben, dies gleichgültig Bedrohliche, wo die unerbittliche Grausamkeit einer Verwandlung erfahren wird, die den Menschen aus der Wärme des Erdenlebens ins Hoffnungslos-Kalte entrückt.

Zugleich jedoch erwächst an dieser Grenze ein weltüberwindendes Wissen, und das Dasein der Toten beginnt sich zu wandeln von schattenhafter Leere zu weltüberlegener Fülle. Wir treten hinüber in den Bereich von Paradies und Auferstehung. Beide Symbole kommen aus der menschlichen

Grunderfahrung und gewinnen von daher ihre Wirklichkeit und Wahrheit, beide Symbole gehören zusammen.

Sobald das Sein der Toten erfahren und verstanden wird als eine Daseinsform, die jeder irdischen Möglichkeit um ein Unendliches überlegen ist, entsteht die Gefahr, dass die Beziehung zwischen Diesseits und Jenseits weltflüchtig verfälscht wird, und dann wird der Tod nicht in seiner vollen Wirklichkeit erfahren.

Es kommt darauf an, dass wir den Toten in seiner unwiederbringlichen Einmaligkeit ernst nehmen, und was den Trost betrifft, der im Gedanken der Verklärung liegt, so ist er nur dann echt, wenn er nicht gebrauchsfertig zur Verfügung steht, sondern immer wieder neu aus schmerzlicher Erfahrung geboren werden muß.

Wie man auch auf den Tod vorbereitet sein mag, immer kommt er einem in die Quere, besonders dann, wenn man gerade etwas sittlich Wertvolles tun wollte. Er bricht ab, was uns lieb ist und gibt nicht die geringste Andeutung, was mit uns geschehen wird, wenn er den Lebensfaden zerschneidet.

Wenn der Tod nur das Ende von allem ist, das absolute Aus, dann ist mein Sterben gleich einer Hinrichtung.
Wenn er aber nicht das völlige Aus ist, dann bekommt er – und damit mein diesseitiges Leben – eine unermesslich neue Dimension.

Goethe sagte dazu:

> „Die erhabene Unparteilichkeit des Todes, die zwingende Verbrüderung der ins Jenseits abgerufenen Brüder läßt uns hoffen, dass all unser Streben sein Ziel findet. Wenn auch hier auf Erden nicht realisiert wird, was wir erstreben, so erhoffen wir es dort, wo eine

erhabene Instanz waltet, die wir unter dem Sinnbild eines großen Schöpfers und Baumeisters verehren."

Jeder muß allein durch den Tod, und wenn wir daran denken, wer aus unserer Mitte wohl der Nächste sein wird, dann erkennen wir das Geheimnis von Leben und Sterben. Wer geboren wurde, hat den Tod mit auf den Weg bekommen – und alles ist eingewoben in ein Unendliches.

Ohne dass wir es merken, durchdringen die Empfindungen der Existenz aus anderen Zeiten fortwährend unser Bewußtsein, wie eine Wiederholung, wie eine Wiederkehr. Eine Vorstellung der ewigen Gegenwart. Die gegenseitige Durchdringung des Hintergründigen und des Offensichtlichen ist ein Geheimnis, mit dem unsere Maurerkunst zu tun hat.

Ich kann weder Rezept noch Beweis liefern, aber der Tod muß einen Sinn haben, denn nichts, das da ist, ist ohne Sinn. Und wir ahnen, dass hinter den abermillionen Welten dieser unendlichen Unendlichkeit ein großer Baumeister regiert, der selbst die Blume und den Schmetterling sein läßt, ein seit Menschengedenken angerufenes Wesen, Ursache allen Naturgeschehens, die Normgröße, die auch unser sittliches Verhalten bestimmt, ein Gott mit der Fülle aller Qualitäten, den wir nur zu fassen vermögen in unserem Sinnbild vom Großen Baumeister aller Welten, nicht nur der Gestirne, sondern von allem, was existiert, auch Deines und meines Lebens, mein Bruder.

Ihn zeichnet eine unüberschaubare Vielfalt in allen Größen, Farben und Erscheinungsmöglichkeiten aus, und souverän ist er in der Verschwendung. Wieviel Gutes, noch Ungetanes, wieviel Edles bleibt ungenutzt, weil ein Mensch plötzlich davon muß! *Schubert* wurde nach 31, *Mozart* nach 35 Jahren abberufen.

Der Tod ist eine Unmöglichkeit, die plötzlich zur Wirklichkeit wird. Und dieser Übergang aus einer uns bekannten Existenz in eine andere, von der wir nichts wissen, ist etwas so Gewaltsames, dass es für die Zurückbleibenden nicht ohne tiefste Erschütterung abgeht.

So sah es auch *Goethe.*

Was ist nun dieses Leben, dessen Ende uns gewiß ist? Und obgleich wir das wissen, will doch niemand sein Leben eher preisgeben, ehe er es zurückgeben muss.

In dem Buch des heiligen Gesetzes wird in der Schöpfungsgeschichte die Metapher gebraucht, dass Gott sich den Menschen zum Bilde geschaffen habe. Was immer das bedeutet, so soll es doch ausdrücken, dass der Mensch etwas Ewiges vom Ewigen in sich trägt.

Unser Leben hat Anfang und Ende, aber die Welt ist ohne Anfang und ohne Ende, Ewigkeit ist ihr Zustand. So bin denn auch ich – vom Ewigen her betrachtet – ohne Anfang und ohne Ende, ich kann mich nicht aus meinem von Gott gegebenen Dasein herauswinden. Wohin denn auch?

Herder antwortete einem Frager: „Nichts geht verloren. Stofflich wandelt sich alles nur, und auch der Geist wird in höhere Grade gewandelt."

So ist auch unser Tod der Augenblick der Verwandlung in eine höhere Erscheinungsform. Und in seiner Weisheit schweigt sich der Große Meister über das uns Bevorstehende aus.

Gewiss, der Tod ist das völlige Ende dessen, was uns bisher wichtig war. Aber im Zusammenhang der Welten und Zeiten ist meine persönliche Existenz absolut unwichtig. Wichtig und wertvoll ist für mich die Erkenntnis, dass der große und ewige Meister meine bewußte Existenz einen winzigen Augenblick benötigte, weil er durch sie für einen Moment etwas ausstrahlen ließ von dem, was in seinem Plan vorgesehen war. Der Tod schafft einen Einschnitt zwischen Zeit und Ewigkeit. Der Mensch ist aber mehr als die Zeit, weil es ihn nach Ewigkeit im Lieben und im Leben drängt. Der Mensch ist Person und innere Gestalt. Deshalb ist für ihn der Tod auch nur erfülltes Ende.

Der Mensch wird geboren, wächst, entwickelt sich, reift, altert und stirbt. Wenn er ins Leben tritt, trägt er ein enormes Potential an Möglichkeiten in sich, die jedoch im Maße seines Alterns nach und nach schwinden. Unser Leben ist durch einen fortschreitenden Verlust unwiederbringbarer Energien gekennzeichnet. Schon das Kind ist alt genug um zu sterben.

Der Tod kommt also nicht erst am Ende des biologischen Lebens, sondern in dessen Verlauf. Der Mensch stirbt auf Raten. Jeder Augenblick bedeutet verbrauchtes Leben. Dabei ist das Leben selbst bestrebt, unbedingt zu überleben und behauptet kämpferisch sein Ich. Dessen ungeachtet müssen wir ständig erfahren, dass uns permanent etwas genommen wird, bis die Lebensenergie endlich ganz ausgelöscht ist. Die biologische Kurve des äußeren Menschen ist zu Ende.

Unser Leben beschreibt aber noch eine andere Kurve. Sie verläuft im Vergleich zur vorigen im umgekehrten Sinn. Wie im Keim fängt es bescheiden an und steigt in einem fort.

Der Mensch beginnt innerlich zu wachsen: Der Verstand entwickelt sich, der Wille erwacht. Das Herz öffnet sich für die Begegnung mit der Welt und mit einem Du. Wir verlagern unser Zentrum nach außerhalb unseres selbst und auf den Mitmenschen zu und entfalten dabei unsere Persönlichkeit. Symbolisch dargestellt in unserem Gesellengrad.

Der innere Mensch wächst. Der biologische Bogen senkt sich mehr und mehr, bis er im Tod verschwindet, die persönliche Linie dagegen steigt unbegrenzt, über dieses Leben hinaus – wir sagen „zu höherer Arbeit" – *Goethe* sagte „zur Arbeit in höchsten Graden".

Dieser Aufwärtslinie dient die Freimaurerei gleichsam als Sprungbrett. Wir lernen zu erkennen, dass alles – richtig betrachtet und gewertet – den Menschen in seiner wahren Identität aufzubauen vermag, und es macht dabei keinen Unterschied, was jemand tut oder ist, ob Ordenspriester, Journalist, Kaufmann, Maurer, Unternehmer oder Beamter. Entscheidend ist, ob er es vermocht hat, in das Geheimnis des Lebens hinabzusteigen, sein Ich aufzubauen und eine verantwortungsbewusste Person zu werden.

Unser biologisches Leben wird mit jeder Minute mehr verbraucht. Aber es bildet sich allmählich eine andere Art von Leben, das mit dem biologischen Leben nicht zugrunde geht. Im Gegenteil: es strebt danach, sich immer mehr zu entwickeln und sich immer neuen Horizonten zu öffnen. Freimaurerei kann dabei wertvolle Dienste leisten.

Lessing schrieb in ERZIEHUNG DES MENSCHENGESCHLECHTS:

> „Warum sollte ich nicht so oft wiederkommen, als ich neue Kenntnisse, neue Fertigkeiten zu erlangen geschickt bin? Was ich hier lernte und erfuhr, soll ich das etwa auf ewig vergessen?"

Unsere irdischen Jahre ziehen schnell dahin, als flögen sie davon, und vor dem Hintergrund der Ewigkeit ist unser Leben ja auch nur ein Husch. Wir alle aber sind im Unterbewußten von unserer Unsterblichkeit überzeugt. Freimaurer bekennen, dass ein Bruder in den ewigen Osten abberufen wird, um dort höhere Arbeit aufzunehmen. Er hat mit seinem Tode lediglich die irdischen Werkzeuge abgelegt. Das ist Bekenntnis, dass mit dem Ende des biologischen Lebens eben nicht alles aus ist, und wir glauben, dass unser Dasein einen tiefen über den Tod hinausgreifenden Sinn besitzt.

Goethe sagte:

> „Das ist der Vorzug nach Vollendung strebender Naturen, dass ihr Hinscheiden in höhere Regionen segnend wirkt, wie ihr Verweilen auf der Erde. Die Abgerufenen leuchten uns von jenseits gleich Sternen entgegen, als Richtpunkte, wohin wir unseren Lauf zu richten haben."

In jeder rechten Tempelarbeit wird ein Gefühl geweckt, als stehe die Zeit still, als wäre im klaren Licht unserer Tage der Vorschein auf ein vollendeteres Leben zu spüren, in dem Diesseits und Jenseits sich zu berühren scheinen.

Der 79-Jährige schrieb an *Moritz von Brühl*:

> „Vom ersten bis zum letzten Atemzug sind wir äußerlich bedingt, aber uns ist die höchste Freiheit gegeben, uns innerhalb unserer selbst so auszubilden, dass wir uns mit der ganzen sittlichen Weltordnung in Einklang setzen."

Das verlangt von uns die Beantwortung der Frage, ob wir uns nur der flüchtigen Diesseitigkeit widmen oder uns auf unsere tiefere Bestimmung gründen wollen.

90. Psalm: „Bedenke, dass du sterben mußt, auf dass du klug werdest."

Die Welt der Freimaurer ist eine der Versöhnung mit allem. Darin liegt unser Gewinn. Der Meister gewinnt keine sichtbare Trophäe, aber er besitzt gleichsam das ganze Universum in sich. Seine Weisheit rührt an die Liebe des alten *Franz von Assisi*: alle Dinge sprachen zu ihm, und er gewann eine brüderliche Welt um sich, Vergangenheit und Gegenwart, Traum und Wirklichkeit sind miteinander verbunden. Dieser Vorgang ist kein äußerlicher; er kann nur im Innern stattfinden.

Das ist der Grund, warum wir Freimaurer eine Trauerloge abhalten, damit wir die Verhältnislosigkeit dem Tod gegenüber verlieren.

Im Tempel erlebte Freimaurerei bewirkt Verbindung zwischen dem Zeitlichen und dem Ewigen, dem Individuellen und dem Universellen, dem Wirklichen und dem großen Geheimnis. In diesem Erleben gewinnt der Mann Reife und eine Ganzheit seiner Existenz.

Die Freimaurerei führt in unsere Unfertigkeit und Zerrissenheit, in unseren Streit mit der voraneilenden Zeit wieder jenen Teil der Ewigkeit ein, der uns als Maurer letztlich rechtfertigt und uns unsere wahre Gestalt verleiht. Bildlich gesprochen: Wir lernen, uns der Bewegung des Uhrzeigers zu widersetzen, indem in uns die Zeit aufgehoben wird. Das verleiht dann jene selbstsichere Gelassenheit in der Hektik der Ereignisse, weil wir uns als ein Teil der Ewigkeit wissen dürfen.

Ein Verdrängen des Todes aus unserem Bewußtsein entwertet das Leben. Wir tragen in uns einen Sinn für die Nichtzufälligkeit dieser Welt und unseres Daseins.

Sicher haben etliche von uns schon daran gedacht, dass die Zeit näherrückt, da man sich abzumelden hat, denn Länge und Breite unseres irdischen Daseins sind weithin abgeschritten. Das einzige, das noch fehlt, ist die Tiefe, die noch auszuloten ist. Wir sind bei unserer heutigen Arbeit mitten dabei.

Im Denken und Erkennen bilden wir uns von Grad zu Grad, so dass wir immer mehr das Vollkommene, Heilige und Ewige suchen und dabei gegen die oberflächlichen Wichtigkeiten der Gegenwart immer gleichgültiger und überlegener werden.

Draußen haben die Bäume ihr Laub verloren, und die Erde muß uns lieb sein, weil so viele Brüder in sie eingegangen sind. Draußen harren Probleme und Aufgaben auf uns. Sie wollen bewältigt sein, und wir haben unsere Kräfte aufzuwenden, um den Forderungen der irdischen Realität hier und heute zu entsprechen.

Aber vergessen wir darüber nicht: Eines Tages werden für uns die Gegensätze nicht mehr bestehen, weil Leben und Tod verbrüderte Partner sind, und dann ist dein und mein eines Tages fälliger Rückzug aus der biologischen Existenz, geliebter Bruder, nicht gleichbedeutend mit dem Ende unseres Seins, sondern wir glauben, dass unsere Arbeit fortdauert von Grad zu Grade.

Johann Gottlieb Fichte bekennt in seiner ANWEISUNG ZUM SEELIGEN LEBEN:

> „Wir sterben in die Unendlichkeit hinein, in der aber unser wahres Leben erst beginnt."

Auch *Goethe* glaubte an die Unsterblichkeit von allem aus Schöpferhand gewirktem Leben:

> „Des Menschen Seele gleicht dem Wasser.
> Vom Himmel kommt es, zum Himmel steigt es,
> und wieder zur Erde muß es – ewig wechselnd."

Und:

„Eines Tages zerfalle auch ich zu Staub,
damit herrlich sich erhebe aus meinem
Hinfallen des Großen Meisters ewige Gestalt.“

„Wir messen das Leben
nach Raum und Zeit
und sind doch alle
Teile der Ewigkeit.“

sage ich.

„Geheime Bilderschrift zu lesen,
wird den wahren Maurer lohnen.
Denn das Ewige, das Wesen,
weiß er in sich selber wohnen.“

Rolf Appel

Der Autor Rolf Appel wurde im Jahre 1920 in Süderbrarup (Schleswig-Holstein) geboren. Nach dem Abitur wurde er eingezogen, nahm am Russlandfeldzug teil und wurde dreimal verwundet. Im November 1945 erhielt er von der Britischen Militärregierung in Hamburg die Lizenz als Buchverleger und war auf den Gebieten Völkerkunde, Staatsrecht, Freimaurerei und Lyrik tätig.

Im Februar 1948 wurde er zum Freimaurer aufgenommen, war bald in verschiedenen Ämtern der Großloge tätig und übernahm die Redaktion mehrerer freimaurerischer Zeitschriften.

Rolf Appel war Mitglied des Ritualkollegiums und nahm an den Verhandlungen mit den evangelischen Kirchen teil. Außerdem war er Mitglied der Dialogkommission mit den Vertretern des Vatikans; er verfasste die berühmt gewordene „Lichtenauer Erklärung".

Von ihm stammen mehr als 40 freimaurerische Buchveröffentlichungen. Aufgrund seine Tätigkeit entstanden Freundschaften u. a. zu Max Tau, Erich Kästner, Axel Springer, Lew Kopelew und Arno Surminski.

Den Aufbau der Freimaurerei in Litauen gestaltete er entscheidend mit.

Für sein Werk wurde Rolf Appel mit zahlreichen Ehrungen bedacht.

Rolf Appel.
Porträtzeichnung von Jens Rusch (www.jens-rusch.de)

Jens Oberheide
Freimaurerei - Ein Lebensstil

Herausgegeben von der Großloge der Alten Freien und Angenommenen Maurer von Deutschland bildet diese Broschüre eine gute Übersicht zu den grundlegenden Begriffen der Freimaurerei. Das Heft eignet sich hervorragend für eine erste Information von Suchenden bei Gästeabenden.

Softcover
24 Seiten, DIN A5, brosch.
4. Auflage 2017
ISBN 978-3-939611-92-9
EUR 5,00

Hans-Hermann Höhmann
Zwischen Aufklärung und Esoterik
Humanistische Freimaurerei als Projekt für das 21. Jahrhundert

Hans-Hermann Höhmann, Freimaurer und Freimaurerforscher, entwickelt das Projekt einer Humanistischen Freimaurerei. Bezugspunkte seiner Konzeption sind die Anforderungen der Gegenwart sowie die Traditionen von Humanismus, Aufklärung und humanitärer Freimaurerei.

Softcover
72 Seiten, 12 x 19 cm
1. Auflage 2014
ISBN 978-3-939611-91-2
EUR 7,00